GTB
Gütersloher Taschenbücher
1538

HANS CHRISTIAN ANDERSEN
(1805–1875)

der schon als junger dänischer Dichter zu den Lieblingsschriftstellern Deutschlands gehörte, hat weit über seine Heimat hinaus, die er in treffenden Bildern, mit Witz, Humor und volkstümlicher Naivität beschrieben hat, Anerkennung gefunden. Seinen Weltruhm begründeten die »Märchen und Erzählungen für Kinder« (1835–41, 1843–48, 1852–55, 1858–72; erste deutsche Übersetzung 1839). Zu den schönsten zählen Andersens Weihnachtsmärchen, in denen Andersen die Winter- und Weihnachtsmotive entfaltet, wie man sie seit jeher liebt und kennt und wie sie heutzutage nur noch selten zu finden sind: voller unglaublicher, meist volkstümlicher, manchmal auch trauriger, immer aber lebensnaher Begebenheiten – die Welt der Kleinen, der Kinder, an der auch Erwachsene ihre Freude haben. Hans Christian Andersen erzählt vom Geheimnis der Weihnacht in einer Sprache, die nicht in der Ferne sucht, was in der Nähe und auf der Hand liegt, und im oft leisen Geplauder der Stimmung das, worauf es ankommt, zum Ausdruck bringt: die Freude am Leben.

HANS CHRISTIAN ANDERSEN

Weihnachtsmärchen

GÜTERSLOHER VERLAGSHAUS

Vollständiger Text der Märchen nach älteren Übersetzungen:
»Die Schneekönigin« und »Der Tannenbaum«
veröffentlichte Andersen 1844
im ersten Band seiner »Neuen Märchen« (2. Sammlung);
»Der letzte Traum der alten Eiche« ist enthalten im ersten Band
(1. Sammlung) seiner »Neuen Märchen und Erzählungen« (1858),
in deren zweiter Reihe (1. Sammlung) 1861 »Zwölf mit der Post«
sowie »Der Schneemann« erschienen sind.

Die Deutsche Bibliothek – CIP-Einheitsaufnahme

Andersen, Hans Christian:
Weihnachtsmärchen / Hans Christian Andersen. – Gütersloh:
Gütersloh Verl.-Haus, 1995
(Gütersloher Taschenbücher; 1538)
ISBN 3-579-01538-9
NE: Andersen, Hans Christian: [Sammlung <dt.>]; GT

ISBN 3-579-01538-9
Gütersloher Verlagshaus, Gütersloh 1995

Umschlaggestaltung: Dieter Rehder, Aachen, unter Verwendung einer Bildpostkarte des Aquarells »Weihnachtsabend« von Paul Hey (1867–1952),
© Archiv für Kunst und Geschichte, Berlin
Gesamtherstellung: Clausen & Bosse, Leck
Gedruckt auf chlorfrei gebleichtem Werkdruckpapier
Printed in Germany

DIE SCHNEEKÖNIGIN

Vom Spiegel und den Scherben

So, nun beginnen wir. Wenn wir am Ende der Geschichte sind, wissen wir mehr, als wir jetzt wissen, denn es war ein böser Troll. Es war einer der allerschlimmsten, es war »der Teufel«. Eines Tages war er so recht guter Laune; denn er hatte einen Spiegel gemacht, der die Eigenschaft besaß, daß alles Gute und Schöne, das sich darin spiegelte, zu fast nichts zusammenschwand; aber was nichts taugte und sich schlecht ausnahm, das trat recht hervor und wurde noch ärger. Die schönsten Landschaften sahen darin aus wie gekochter Spinat, und die besten Menschen wurden widerlich oder standen auf dem Kopf ohne Bauch. Die Gesichter wurden so verzerrt, daß sie nicht zu erkennen waren, und hatte man eine Sommersprosse, dann konnte man sicher sein, daß sie sich über Nase und Mund ausbreitete. Das sei äußerst lustig, sagte der Teufel. Ging nun ein guter, frommer Gedanke durch einen Menschen, da zeigte sich ein Grinsen im Spiegel, so daß der Trollteufel über seine künstliche Erfindung lachen mußte. Alle die, welche in die Trollschule gingen, denn er hielt Trollschule, erzählten rundum, daß ein Wunder geschehen sei; jetzt könne man erst sehen, meinten sie, wie die Welt und die Menschen wirklich aussähen. Sie liefen umher mit dem Spiegel, und zuletzt gab es kein Land und keinen Menschen, die nicht darin verzerrt worden wären. Nun wollten sie auch zum Himmel selbst hinauffliegen, um sich über die Engel und Unsern Herrn lustig zu machen. Je höher sie mit dem Spiegel flogen, desto mehr grinste er, sie konnten ihn beinahe nicht festhalten; höher und höher flogen sie, Gott und den Engeln näher; da erzitterte der Spiegel so furchtbar in seinem Grinsen, daß er ihnen aus den Händen fuhr und zur Erde stürzte, wo er in hundert Millionen, Billionen und noch mehr Stücke zerbrach, und gerade dadurch richtete er viel größeres Unglück an als zuvor. Denn einige Stücke waren knapp so groß wie ein Sandkorn, und diese flogen umher in der weiten Welt, und wo Leute sie ins Auge bekamen, da blieben sie sitzen, und da sahen die Menschen alles verkehrt oder hatten nur Augen für das, was bei einer Sache verkehrt war; denn jedes kleine Spiegelkörnchen hatte die gleiche Kraft behalten, die der ganze Spiegel besaß. Einige Menschen bekamen sogar ein kleines Spiegelstückchen ins Herz, und dann war es ganz greulich, dies Herz wurde gleichsam zu einem Klumpen Eis. Einige Spiegelstücke waren so groß, daß sie zu Fensterscheiben verwendet wurden; aber durch diese Scheiben war es nicht gut seine Freunde zu sehen; andere Stücke kamen in Brillen, und dann ging es schlecht, wenn

Leute diese Brillen aufsetzten, um recht zu sehen und gerecht zu sein; der Böse lachte, daß ihm der Bauch platzte, und das kitzelte ihn so schön. Aber draußen flogen noch Glassplitter in der Luft umher. Nun werden wir hören.

Ein kleiner Knabe und ein kleines Mädchen

Drinnen in der großen Stadt, wo so viele Häuser und Menschen sind, daß nicht Platz genug ist, damit alle Leute einen kleinen Garten haben können, und wo sich deshalb die meisten mit Blumen in Blumentöpfen begnügen müssen, waren doch zwei arme Kinder, die einen Garten hatten, der etwas größer war als ein Blumentopf. Sie waren nicht Bruder und Schwester; aber sie hatten sich ebenso lieb, wie wenn sie es gewesen wären. Die Eltern wohnten einander gerade gegenüber; sie wohnten in zwei Dachkammern. Dort, wo das Dach des einen Nachbarhauses an das andere stieß und die Wasserrinne zwischen den Dächern entlanglief, war in jedem Haus ein kleines Fenster; man brauchte nur über die Rinne hinwegzuschreiten, dann konnte man von einem Fenster zum andern gelangen.

Die Eltern hatten draußen je einen großen hölzernen Kasten, und darin wuchsen Küchenkräuter, die sie brauchten, und ein kleiner Rosenstock; es war einer in jedem Kasten, und sie gediehen prächtig. Nun kamen die Eltern auf den Einfall, die Kästen quer über die Rinne zu stellen, so daß sie fast von einem Fenster zum anderen reichten und zwei Blumenwällen ganz ähnlich sahen. Die Erbsenranken hingen über die Kästen hinab, und die Rosenstöcke schossen lange Zweige, schlängelten sich um die Fenster und neigten sich einander zu: Es war beinahe wie eine Ehrenpforte aus Grün und Blumen. Da die Kästen sehr hoch waren und die Kinder wußten, daß sie nicht hinaufkriechen durften, erhielten sie oft Erlaubnis, zueinander hinauszusteigen und auf ihren kleinen Schemeln unter den Rosen zu sitzen; da spielten sie dann so prächtig.

Im Winter hatte dieses Vergnügen ein Ende. Die Fenster waren oft ganz zugefroren; aber dann wärmten sie Kupferschillinge auf dem Ofen, legten den heißen Schilling gegen die gefrorene Scheibe, und dann entstand ein schönes Guckloch, so rund, so rund; dahinter guckte ein lieblich mildes Auge, eins von jedem Fenster; das waren der kleine Knabe und das kleine Mädchen. Er hieß Kay, und sie hieß Gerda. Im Sommer konnten sie mit einem Sprung zueinander gelangen, im Winter mußten sie erst die vielen Treppen hinunter- und die vielen Treppen hinaufsteigen; draußen stob der Schnee.

»Das sind die weißen Bienen, die schwärmen«, sagte die alte Großmutter.

»Haben sie auch eine Bienenkönigin?« fragte der kleine Knabe; denn er wußte, daß es bei den wirklichen Bienen eine solche gibt.

»Das haben sie!« sagte die Großmutter. »Sie fliegt dort, wo sie am dichtesten schwärmen! Sie ist die größte von allen, und nie bleibt sie ruhig auf der Erde, sie fliegt wieder hinauf in die schwarze Wolke. In mancher Winternacht fliegt sie durch die Straßen der Stadt und guckt in die Fenster hinein, und dann frieren die so sonderbar zu, daß es wie Blumen aussieht.«

»Ja, das habe ich gesehen!« sagten beide Kinder, und nun wußten sie, daß es wahr sei.

»Kann die Schneekönigin hier hereinkommen?« fragte das kleine Mädchen.

»Laß sie nur kommen!« sagte der Knabe, »dann setze ich sie auf den warmen Ofen, und dann schmilzt sie.«

Aber die Großmutter glättete sein Haar und erzählte andere Geschichten.

Am Abend, als der kleine Kay zu Hause halb ausgekleidet war, kroch er auf den Stuhl am Fenster und guckte durch das kleine Loch hinaus; ein paar Schneeflocken fielen dort draußen, und eine von diesen, die allergrößte, blieb auf der Kante des einen Blumenkastens liegen. Die Schneeflocke wuchs und wuchs, sie wurde zuletzt zu einem ganzen Frauenzimmer, gekleidet in den feinsten, weißen Flor, der wie aus Millionen sternartigen Flokken zusammengesetzt war. Sie war so schön und fein, aber aus Eis, aus blendendem, blinkendem Eis, und doch war sie lebendig; die Augen starrten wie zwei klare Sterne, aber es war weder Ruhe noch Rast in ihnen. Sie nickte gegen das Fenster und winkte mit der Hand. Der kleine Knabe erschrak und sprang vom Stuhl herab; da war es, als flöge draußen ein großer Vogel am Fenster vorbei.

Am nächsten Tag wurde es klarer Frost, und dann wurde es Tauwetter –, und dann kam der Frühling: Die Sonne schien, das Grün lugte hervor, die Schwalben bauten Nester, die Fenster wurden geöffnet, und die beiden kleinen Kinder saßen wieder in ihrem kleinen Garten hoch oben in der Dachrinne über allen Stockwerken.

Die Rosen blühten in diesem Sommer so unvergleichlich; das kleine Mädchen hatte ein Lied gelernt, und darin kamen auch Rosen vor, und bei diesen Rosen dachte sie an ihre eigenen; und sie sang es dem kleinen Knaben vor, und er sang mit:

»Im Tal blühen die Rosen so schön,
Dort werden wir das Jesuskind sehn.«

Und die Kleinen hielten einander bei den Händen, küßten die Rosen und schauten in Gottes hellen Sonnenschein hinein und sprachen zu ihm, als ob das Jesuskind dort wäre. Was für schöne Sommertage es waren, wie herrlich es war, draußen bei den frischen Rosenstöcken zu sein, die so aussahen, als wollten sie nie aufhören zu blühen!

Kay und Gerda saßen und schauten ein Bilderbuch mit Tieren und Vögeln an, da geschah es – die Uhr auf dem großen Kirchturm schlug gerade fünf –, daß Kay sagte: »Au, es stach mich ins Herz. Und jetzt flog mir etwas ins Auge.«

Das kleine Mädchen schlang ihren Arm um seinen Hals; er blinzelte mit den Augen: nein, da war nichts zu sehen.

»Ich glaube, es ist weg!« sagte er; aber weg war es nicht. Es war just eins dieser kleinen Glaskörner, die vom Spiegel abgesprungen waren, dem Trollspiegel; wir entsinnen uns wohl, dem häßlichen Glas, das alles Große und Schöne, das sich darin abspiegelte, klein und häßlich machte, während das Böse und Schlechte ordentlich hervortrat und jeder Fehler an einer Sache gleich zu bemerken war. Der arme Kay, er hatte auch ein Körnchen gerade ins Herz hineinbekommen. Es würde bald wie ein Eisklumpen werden. Nun tat es nicht mehr weh, aber das Körnchen war da.

»Warum weinst du?« fragte er. »Du siehst so häßlich aus. Mir fehlt ja nichts. Pfui!« rief er auf einmal, »die Rose da ist von einem Wurm angenagt. Und schau, die dort ist ja ganz schief! Es sind im Grunde eklige Rosen. Sie gleichen den Kästen, in denen sie stehen.« Und dann stieß er mit dem Fuß hart gegen den Kasten und riß die beiden Rosen ab.

»Kay, was tust du!« rief das kleine Mädchen, und als er ihr Erschrecken sah, riß er noch eine Rose ab und lief dann in sein Fenster hinein, fort von der lieben kleinen Gerda.

Wenn sie später mit dem Bilderbuch kam, sagte er, daß es für Wickelkinder sei; und erzählte die Großmutter Geschichten, kam er immer mit einem Aber – ja, konnte er dazu gelangen, dann ging er hinter ihr her, setzte eine Brille auf und sprach ebenso wie sie; es war ganz treffend, und dann lachten die Leute über ihn. Er konnte bald so gehen und so sprechen wie alle Menschen in der ganzen Straße; alles, was eigentümlich an ihnen war und unschön, wußte Kay nachzumachen, und dann sagten die Leute: »Das ist bestimmt ein ausgezeichneter Kopf, den dieser Knabe hat.« Aber es war das Glas, das er ins Auge bekommen hatte, das Glas, das ihm im Herzen saß; daher kam es auch, daß er selbst die kleine Gerda neckte, die ihn von ganzem Herzen liebhatte.

Seine Spiele wurden nun ganz anders als früher, sie waren so verständig. – An einem Wintertag, als die Schneeflocken stoben, kam er mit einem großen Brennglas, hob seinen blauen Rockzipfel hoch und ließ die Schneeflocken darauf fallen.

»Sieh nun in das Glas, Gerda!« sagte er, und jede

Schneeflocke wurde viel größer und sah aus wie eine prächtige Blume oder ein zehneckiger Stern; es war schön anzusehen.

»Siehst du, wie kunstvoll«, sagte Kay, »das ist viel interessanter als die wirklichen Blumen! Und es ist nicht ein einziger Fehler an ihnen, sie sind ganz regelmäßig, wenn sie nur nicht schmelzen wollten.«

Bald darauf kam Kay mit großen Handschuhen und seinem Schlitten auf dem Rücken; er rief Gerda gerade in die Ohren hinein: »Ich habe Erlaubnis bekommen, auf dem großen Platz zu fahren, wo die anderen spielen.« Und fort war er.

Dort drüben auf dem Platz banden die kecksten Knaben oft ihren Schlitten an dem Wagen eines Bauern fest, und so fuhren sie ein gutes Stück mit. Das ging just lustig zu. Als sie gerade am besten spielten, kam ein großer Schlitten; er war ganz weiß gestrichen, und darin saß jemand, in einen rauhen weißen Pelz gehüllt und mit weißer rauher Mütze; der Schlitten fuhr zweimal um den Platz herum, und Kay band geschwind seinen kleinen Schlitten daran fest, und nun fuhr er mit. Es ging schneller und schneller, geradewegs in die nächste Straße hinein; der, welcher fuhr, drehte sich um und nickte Kay so freundlich zu, es war, als ob sie einander kannten; jedesmal, wenn Kay seinen kleinen Schlitten loslösen wollte, nickte die Person wieder, und dann blieb Kay sitzen; sie fuhren gerade zum

Stadttor hinaus. Da begann der Schnee so dicht niederzufallen, daß der Kleine die Hand vor den Augen nicht sehen konnte, während er dahinsauste; da ließ er schnell die Schnur fahren, um von dem großen Schlitten loszukommen; aber es half nicht, sein kleines Fuhrwerk hing fest, und es ging mit Windeseile vorwärts. Da rief er ganz laut, aber niemand hörte ihn, und der Schnee stob, und der Schlitten flog dahin; zuweilen machte er einen Sprung, es war, als führe er über Gräben und Hekken. Er war ganz erschrocken, er wollte sein Vaterunser beten, aber er konnte sich nur des großen Einmaleins erinnern.

Die Schneeflocken wurden größer und größer, zuletzt sahen sie aus wie große, weiße Hühner; auf einmal sprangen sie zur Seite, der große Schlitten hielt, und die Person, die ihn gefahren hatte, richtete sich auf, der Pelz und die Mütze waren aus lauter Schnee; eine Dame war es, so hoch und rank, so schimmernd weiß – es war die Schneekönigin.

»Wir sind gut vorwärtsgekommen!« sagte sie, »aber wer wird denn frieren! Kriech hinein in meinen Bärenpelz!« Und sie setzte ihn neben sich in den Schlitten und schlug den Pelz um ihn; es war als versänke er in einer Schneewehe.

»Frierst du noch?« fragte sie, und dann küßte sie ihn auf die Stirn. Uhr, das war kälter als Eis, es ging ihm gerade bis ins Herz hinein, das ja doch halb schon ein Eisklumpen war; es war, als sollte er sterben, aber nur einen Augenblick, dann tat es ihm recht wohl; er spürte nicht mehr die Kälte ringsumher.

»Mein Schlitten! Vergiß nicht meinen Schlitten!« – Daran dachte er zuerst; und der wurde an eins der weißen Hühner festgebunden, und es flog hinterdrein mit dem Schlitten auf dem Rücken. Die Schneekönigin küßte Kay noch einmal, und dann hatte er die kleine Gerda und die Großmutter und alle daheim vergessen.

»Nun bekommst du keine Küsse mehr«, sagte sie, »denn sonst küßte ich dich tot.«

Kay sah sie an; sie war so schön; ein klügeres, schöneres Gesicht konnte er sich nicht denken; jetzt schien sie nicht aus Eis zu sein wie damals, als sie draußen vor dem Fenster saß und ihm zuwinkte; in seinen Augen war sie vollkommen, er fühlte gar keine Bangigkeit, er erzählte ihr, daß er kopfrechnen könne, und zwar mit Brüchen, daß er die Quadratmeilen der Länder wisse und wie viele Einwohner sie hätten, und sie lächelte immer. Da fand er, es wäre doch nicht genug, was er wisse, und er schaute hinauf in den großen, großen Luftraum, und sie flog mit ihm, flog hoch hinauf auf die schwarze Wolke, und der Sturm sauste und brauste, es war, als sänge er alte Lieder. Sie flogen über Wälder und Seen, über Meere und Länder; unter ihnen sauste der kalte Wind, die Wölfe heulten, der Schnee glitzerte, die schwarzen, schreienden Krähen flogen über ihn hin, aber darüber schien der Mond so groß und hell, und auf ihn schaute Kay in der langen, langen Winternacht; am Tag schlief er zu Füßen der Schneekönigin.

Der Blumengarten bei der Frau, die zaubern konnte

Aber wie erging es der kleinen Gerda, als Kay nicht mehr kam? Wo war er doch? – Niemand wußte es, niemand konnte Bescheid geben. Die Knaben erzählten nur, sie hätten ihn seinen kleinen Schlitten an einen anderen prächtig großen anbinden sehen, der in die Straße hinein- und zum Stadttor hinausfuhr. Niemand wußte, wo er war, viele Tränen flossen, die kleine Gerda weinte heiß und lange; da sagten sie, daß er tot sei, er sei im Fluß ertrunken, der dicht bei der Stadt vorbeifloß; oh, es waren recht lange, dunkle Wintertage.

Nun kam der Frühling mit wärmerem Sonnenschein.

»Kay ist tot und fort«, sagte die kleine Gerda.

»Das glaube ich nicht«, sagte der Sonnenschein.

»Er ist tot und fort«, sagte sie zu den Schwalben.

»Das glaube ich nicht«, antworteten sie, und

zuletzt glaubte es die kleine Gerda auch nicht mehr.

»Ich will meine neuen, roten Schuhe anziehen«, sagte sie eines Morgens, »die, welche Kay nie gesehen hat, und dann will ich zum Fluß hinuntergehen und ihn fragen.«

Und es war ganz früh; sie küßte die alte Großmutter, die schlief, zog die roten Schuhe an und ging ganz allein zum Tor hinaus nach dem Fluß.

»Ist es wahr, daß du meinen kleinen Spielgefährten genommen hast? Ich will dir meine roten Schuhe schenken, wenn du ihn mir wiedergeben willst.«

Und die Wellen, so schien es ihr, nickten so sonderbar; da nahm sie ihre roten Schuhe, das Liebste, was sie hatte, und warf sie beide in den Fluß hinaus, aber sie fielen dicht am Ufer nieder, und die kleinen Wellen trugen sie gleich ans Land zu ihr, als wolle der Fluß nicht das Liebste nehmen, was sie besaß, da er ja den kleinen Kay nicht hatte; aber sie glaubte nun, sie hätte die Schuhe nicht weit genug hinausgeworfen, und dann kroch sie in ein Boot, das im Schilf lag, sie ging ganz bis an das äußerste Ende und warf die Schuhe ins Wasser. Aber das Boot war nicht festgebunden, und bei der Bewegung, die sie machte, glitt es vom Land ab; sie bemerkte es und beeilte sich hinauszusteigen; aber ehe sie zurückgelangte, hatte sich das Boot über eine Elle vom Land entfernt, und nun glitt es schneller von dannen.

Da erschrak die kleine Gerda sehr und fing an zu weinen, aber niemand hörte sie außer den Sperlingen, und die konnten sie nicht an Land tragen, aber sie flogen dem Ufer entlang und sangen, wie um sie zu trösten: »Hier sind wir! Hier sind wir!« Das Boot trieb mit dem Strom; die kleine Gerda saß ganz still, in den bloßen Strümpfen; ihre kleinen roten Schuhe schwammen hinterher, aber sie konnten das Boot nicht erreichen, es hatte schnellere Fahrt.

Schön war es an beiden Ufern, herrliche Blumen, alte Bäume und Abhänge mit Schafen und Kühen, aber nicht ein Mensch war zu sehen.

Vielleicht trägt mich der Fluß zum kleinen Kay hin, dachte Gerda, und da wurde sie besserer Laune, richtete sich auf und sah viele Stunden lang die schönen, grünen Ufer an; dann kam sie zu einem großen Kirschgarten, wo ein kleines Haus mit wunderlichen, roten und blauen Fenstern war, übrigens hatte es ein Strohdach, und draußen standen zwei Holzsoldaten, die vor den Vorbeisegelnden das Gewehr schulterten.

Gerda rief ihnen zu; sie glaubte, daß sie lebend seien, aber sie antworteten natürlich nicht; sie kam ihnen ganz nahe, der Fluß trieb das Boot gerade auf das Land zu.

Gerda rief noch lauter, und dann kam eine alte,

alte Frau, die sich auf einen Krückstock stützte, aus dem Haus heraus; sie hatte einen großen Sonnenhut auf, und der war mit den schönsten Blumen bemalt.

»Du kleines, armes Kind!« sagte die alte Frau; »wie bist du nur auf den großen starken Strom gekommen und so weit in die Welt hinausgetrieben worden?« Und dann ging die alte Frau ganz in das Wasser hinein, hakte ihren Krückstock im Boot fest, zog es an Land und hob die kleine Gerda heraus.

Und Gerda war froh darüber, wieder aufs Trokkene zu kommen, aber doch ein wenig bange vor der fremden, alten Frau.

»Komm doch und erzähle mir, wer du bist und wie du hierherkommst!« sagte sie.

Und Gerda erzählte ihr alles, und die Alte schüttelte den Kopf und sagte: »Hm, hm!«
Und als Gerda ihr alles gesagt und sie gefragt hatte, ob sie nicht den kleinen Kay gesehen habe, sagte die Frau, daß er nicht vorbeigekommen sei, aber er würde wohl noch kommen, sie solle nur nicht betrübt sein, sondern ihre Kirschen kosten, ihre Blumen anschauen, sie seien schöner als irgendein Bilderbuch, sie könnten jede eine Geschichte erzählen. Dann nahm sie Gerda bei der Hand, sie gingen in das kleine Haus hinein, und die alte Frau schloß die Tür zu.

Die Fenster saßen ganz hoch oben, und die Scheiben waren rot, blau und gelb; das Tageslicht schien so wunderlich in allen Farben da drinnen, aber auf dem Tisch standen die schönsten Kirschen, und Gerda aß so viele sie wollte, denn das durfte sie. Und während sie aß, kämmte ihr die alte Frau das Haar mit einem goldenen Kamm, das Haar lockte sich und glänzte so schön gelb rings um das kleine, freundliche Gesicht, das so rund war und aussah wie eine Rose.

»Nach einem so süßen, kleinen Mädchen habe ich mich richtig gesehnt«, sagte die Alte. »Nun sollst du sehen, wie gut wir zwei miteinander auskommen werden!« Und während sie das Haar der kleinen Gerda kämmte, vergaß diese ihren Pflegebruder Kay mehr und mehr; denn die alte Frau konnte zaubern; aber eine böse Zauberin war sie nicht, sie zauberte nur ein wenig zu ihrem eigenen Vergnügen, und nun wollte sie gerne die kleine Gerda behalten. Darum ging sie hinaus in den Garten, streckte ihren Krückstock gegen alle Rosensträuche aus, und wie schön sie auch blühten, sanken sie doch alle hinunter in die schwarze Erde, und man konnte nicht sehen, wo sie gestanden hatten. Der Alten war bange, daß, wenn Gerda die Rosen sähe, sie an ihre eigenen denken und sich dann des kleinen Kay erinnern und davonlaufen würde.

Nun führte sie Gerda in den Blumengarten. – Nein, was hier für ein Duft und eine Schönheit war! Alle nur denkbaren Blumen, und zwar für jede

Jahreszeit, standen hier in prächtigem Flor; kein Bilderbuch konnte bunter und schöner sein. Gerda sprang vor Freude und spielte, bis die Sonne hinter den hohen Kirschbäumen unterging; dann bekam sie ein schönes Bett mit roten Seidenkissen, die waren mit blauen Veilchen gestopft, und sie schlief und träumte dort so herrlich wie eine Königin an ihrem Hochzeitstag.

Am nächsten Tag konnte sie wieder mit den Blumen im warmen Sonnenschein spielen – und so vergingen viele Tage. Gerda kannte jede Blume, aber wie viele auch da waren, schien es ihr doch, daß eine fehlte, aber welche, das wußte sie nicht. Da sitzt sie eines Tages und sieht den Hut der alten Frau mit den gemalten Blumen an, und gerade die schönste darunter war eine Rose. Die Alte hatte vergessen, diese vom Hut zu entfernen, als sie die anderen in die Erde versenkte. Aber so geht es, wenn man die Gedanken nicht beisammen hat! – »Was«, sagte Gerda, »sind hier keine Rosen?« und sprang zwischen die Beete, suchte und suchte, aber es waren keine zu finden; da setzte sie sich nieder und weinte; aber ihre heißen Tränen fielen gerade dorthin, wo ein Rosenstrauch versunken war, und als die warmen Tränen die Erde netzten, schoß der Strauch auf einmal empor, so blühend, wie er versunken war, und Gerda umarmte ihn, küßte die Rosen und dachte an die schönen Rosen daheim und mit ihnen auch an den kleinen Kay.

»Oh, wie bin ich aufgehalten worden!« sagte das kleine Mädchen. »Ich sollte ja Kay finden! – Wißt ihr nicht, wo er ist?« fragte sie die Rosen. »Glaubt ihr, daß er tot und fort ist?«

»Tot ist er nicht«, sagten die Rosen. »Wir sind ja in der Erde gewesen, dort sind alle die Toten, aber Kay war nicht da.«

»Habt Dank!« sagte die kleine Gerda, und sie ging zu den anderen Blumen hin und sah in ihren Kelch hinein und fragte: »Wißt ihr nicht, wo der kleine Kay ist?«

Aber jede Blume stand in der Sonne und träumte ihr eigenes Märchen oder ihre Geschichte; davon hörte Gerda so viele, viele, aber keine wußte etwas von Kay. Und was sagte denn die Feuerlilie?

»Hörst du die Trommel: bum! bum!, es sind nur zwei Töne, immer bum! bum! Höre der Frauen Trauergesang! Höre der Priester Ruf! – in ihrem langen, roten Gewand steht die Hindufrau auf dem Holzstoß, die Flammen schlagen um sie und ihren toten Mann empor; aber die Hindufrau denkt an den Lebenden hier im Kreise, an ihn, dessen Augen heißer brennen als die Flammen, an ihn, dessen Augenfeuer ihrem Herzen näherkommt als die Flammen, die bald ihren Leib zu Asche verbrennen. Kann des Herzens Flamme sterben in des Feuers Flammen?«

»Das verstehe ich gar nicht«, sagte die kleine Gerda.

»Das ist mein Märchen«, sagte die Feuerlilie.

Was sagt die Winde?

»Über den schmalen Felsweg hinaus hängt eine alte Ritterburg; und dichtes Immergrün wächst an den alten, roten Mauern empor, Blatt an Blatt, um den Altan herum, und dort steht ein schönes Mädchen; sie beugt sich über das Geländer hinaus und blickt den Weg hinab. Keine Rose hängt frischer von den Zweigen herab als sie; keine Apfelblüte, wenn sie der Wind vom Baume trägt, ist schwebender als sie; wie raschelt das prächtige Seidengewand! ›Kommt er noch nicht?‹«

»Ist es Kay, den du meinst?« fragt die kleine Gerda.

»Ich spreche nur von meinem Märchen, von meinem Traum«, antwortete die Winde.

Was sagt das Schneeglöckchen?

»Zwischen den Bäumen hängt an Seilen das lange Brett; es ist eine Schaukel; zwei reizende, kleine Mädchen – die Kleider sind weiß wie Schnee, grüne Seidenbänder flattern von den Hüten – sitzen und schaukeln; der Bruder, er ist größer als sie, steht aufrecht in der Schaukel, er hat den Arm um das Seil geschlungen, um sich zu halten; denn in der einen Hand hat er eine kleine Schale, in der anderen eine Tonpfeife, er macht Seifenblasen. Die Schaukel geht, und die Blasen fliegen mit schönen, wechselnden Farben; die letzte hängt noch am Pfeifenstiel und biegt sich im Wind; die Schaukel geht. Der kleine, schwarze Hund, leicht wie die Blasen, richtet sich auf den Hinterbeinen auf und will mit in die Schaukel hinein; sie fliegt, der Hund fällt, kläfft und ist böse; er wird geneckt, die Seifenblasen platzen – ein schaukelndes Brett, ein zerspringendes Schaumbild ist mein Gesang!«

»Es kann sein, daß es schön ist, was du erzählst, aber du sagst es so traurig und erwähnst Kay gar nicht. Was sagen die Hyazinthen?«

»Es waren drei schöne Schwestern, so durchsichtig und fein. Das Gewand der einen war rot, das der zweiten war blau, das der dritten ganz weiß; Hand in Hand tanzten sie an dem stillen See im hellen Mondschein. Sie waren keine Elfenmädchen, sie waren Menschenkinder. Es duftete so süß, und die Mädchen verschwanden im Wald; der Duft wurde stärker –; drei Särge, darin lagen die schönen Mädchen, glitten aus des Waldes Dickicht über den See dahin; Johanniswürmchen flogen leuchtend ringsumher wie kleine, schwebende Lichter. Schlafen die tanzenden Mädchen, oder sind sie tot? – Der Blumenduft sagt, sie sind Leichen; die Abendglocke läutet über den Toten!«

»Du machst mich ganz traurig«, sagte die kleine Gerda. »Du duftest so stark; ich muß an die toten Mädchen denken! Ach, ist denn wirklich der kleine Kay tot? Die Rosen sind unter der Erde gewesen, und die sagen nein!«

»Ding, dang!« läuten die Hyazinthenglocken.

»Wir läuten nicht über den kleinen Kay, ihn kennen wir nicht. Wir singen nur unser Lied, das einzige, das wir können.«

Und Gerda ging hin zur Butterblume, die hervorleuchtete zwischen den glänzenden, grünen Blättern.

»Du bist eine kleine, helle Sonne«, sagte Gerda. »Sag mir, ob du weißt, wo ich meinen Spielgefährten finden soll?«

Und die Butterblume glänzte so schön und sah Gerda wieder an. Welches Lied konnte wohl die Butterblume singen? Es war auch nicht von Kay.

In einem kleinen Hof schien die liebe Gottessonne so warm am ersten Frühlingstag; die Strahlen glitten herab an des Nachbarn weißer Wand; dicht daneben wuchsen die ersten gelben Blumen, leuchtendes Gold in den warmen Sonnenstrahlen; die alte Großmutter saß draußen in ihrem Stuhl; die Enkelin, das arme, schöne Dienstmädchen, kam heim von einem kurzen Besuch; sie küßte die Großmutter. Es war Gold, Herzensgold in diesem gesegneten Kuß. Gold auf dem Munde, Gold im Grunde, Gold dort oben in der Morgenstunde. Sieh, das ist meine kleine Geschichte«, sagte die Butterblume.

»Meine arme, alte Großmutter!« seufzte Gerda. »Ja, sie sehnt sich gewiß nach mir und grämt sich um mich, ebenso wie sie es um den kleinen Kay tat. Aber ich komme bald wieder heim, und dann bringe ich Kay mit. – Es kann nicht helfen, daß ich die Blumen frage, sie wissen nur ihr eigenes Lied, sie geben mir keinen Bescheid.« Und dann band sie ihr kleines Kleid hoch, damit sie schneller laufen könne. Aber die Narzisse schlug ihr über das Bein, als sie über sie hinwegsprang; da blieb sie stehen, sah die lange Blume an und fragte: »Weißt du vielleicht etwas?« Und sie beugte sich ganz zu ihr nieder. Und was sagte die?

»Ich kann mich selbst sehen. Ich kann mich selbst sehen«, sagte die Narzisse. – »Oh, oh, wie ich rieche! – Oben in der kleinen Dachkammer, halb angekleidet, steht eine kleine Tänzerin, sie steht bald auf einem Bein, bald auf zweien, sie stößt mit den Füßen nach der ganzen Welt, sie ist nichts als Augentäuschung. Sie gießt Wasser aus der Teekanne auf ein Stück Zeug, das sie hält; es ist das Mieder – Reinlichkeit ist eine gute Sache! Das weiße Kleid hängt am Haken, es ist auch im Teetopf gewaschen und auf dem Dach getrocknet. Das zieht sie an, das safrangelbe Tuch um den Hals, dann leuchtet das Kleid weißer. Das Bein in die Höhe! Sieh, wie sie sich streckt auf dem einen Stengel! Ich kann mich selbst sehen! Ich kann mich selbst sehen!«

»Das gefällt mir gar nicht«, sagte Gerda. »Es gehört sich nicht, mir so etwas zu erzählen!« Und dann lief sie an das äußerste Ende des Gartens.

Die Tür war geschlossen, aber sie rüttelte an der

verrosteten Krampe, so daß sie losging und die Tür aufsprang, und dann lief die kleine Gerda auf bloßen Füßen hinaus in die weite Welt. Sie sah dreimal zurück, aber da war niemand, der ihr nacheilte; zuletzt konnte sie nicht mehr laufen und setzte sich auf einen großen Stein, und als sie sich umsah, war der Sommer vorbei, es war Spätherbst; das konnte man gar nicht merken drinnen in dem schönen Garten, wo immer Sonnenschein war und die Blumen aller Jahreszeiten blühten.

»Gott, wie habe ich mich verspätet!« sagte die kleine Gerda. »Es ist ja Herbst geworden. Da darf ich nicht ruhen.« Und sie erhob sich, um zu gehen.

Oh, wie ihre kleinen Füße wund und müde waren, und rundum sah es kalt und rauh aus; die langen Weidenblätter waren ganz gelb, und der Nebel tropfte als Wasser von ihnen herab, ein Blatt fiel nach dem anderen, nur der Schlehdorn stand mit Früchten da, den herben, die den Mund zusammenziehen. Oh, wie war es grau und schwer in der weiten Welt!

Prinz und Prinzessin

Gerda mußte sich wieder ausruhen; da hüpfte auf dem Schnee, gerade gegenüber, wo sie saß, eine große Krähe; sie hatte lange gesessen, sie angeschaut und mit dem Kopf gewackelt; nun sagte sie: »Kra, kra! – Gu'n Tag, gu'n Tag!« Besser konnte sie es nicht sagen, aber sie meinte es so gut mit dem kleinen Mädchen und fragte, wohin sie so allein in die weite Welt hinausgehe. Das Wort »allein« verstand Gerda sehr gut und fühlte recht, wieviel darin lag, und dann erzählte sie der Krähe ihr ganzes Leben und Schicksal und fragte, ob sie Kay nicht gesehen habe.

Und die Krähe nickte ganz nachdenklich und sagte: »Es könnte sein! Es könnte sein!«

»Wie? Glaubst du?« rief das kleine Mädchen und hätte die Krähe fast totgedrückt, so küßte sie sie.

»Vernünftig! Vernünftig!« sagte die Krähe. »Ich glaube, es kann der kleine Kay sein. Aber nun hat er dich gewiß über der Prinzessin vergessen.«

»Wohnt er bei einer Prinzessin?« fragte Gerda.

»Ja, höre!« sagte die Krähe, »aber es fällt mir so schwer, deine Sprache zu sprechen. Verstehst du die Krähensprache? Dann kann ich besser erzählen.«

»Nein, die habe ich nicht gelernt«, sagte Gerda, »aber Großmutter konnte sie, und die P-Sprache konnte sie. Hätte ich sie doch gelernt!«

»Macht nichts!« sagte die Krähe, »ich werde erzählen, so gut ich kann; aber schlecht wird es gleichwohl.« Und dann erzählte sie, was sie wußte.

»In dem Königreich, in dem wir jetzt sitzen,

wohnt eine Prinzessin, die so ungeheuer klug ist; aber sie hat auch alle Zeitungen gelesen, die es in der Welt gibt, und sie wieder vergessen, so klug ist sie. Neulich sitzt sie auf dem Thron, und das ist gar nicht so lustig, sagt man; da fängt sie an ein Lied zu summen, es war gerade das: ›Warum sollte ich mich nicht verheiraten?‹ ›Höre, da ist etwas daran‹, sagt sie, und dann wollte sie sich verheiraten, aber sie wollte einen Mann haben, der zu antworten verstand, wenn man zu ihm sprach, einen, der nicht dastand und nur vornehm aussah, denn das ist so langweilig. Nun ließ sie alle Hofdamen zusammentrommeln, und da sie hörten, was sie wollte, wurden sie sehr vergnügt. ›Das mag ich gut leiden!‹ sagten sie, ›an so etwas habe ich letzthin auch gedacht!‹ Du kannst mir glauben, daß jedes Wort wahr ist, das ich sage!« sagte die Krähe. »Ich habe eine zahme Liebste, die frei auf dem Schloß umhergeht, und sie hat mir alles erzählt.«

Das war natürlich auch eine Krähe, seine Liebste, denn eine Krähe sucht ihresgleichen, und das ist immer eine Krähe.

»Die Zeitungen kamen sogleich mit einem Rand von Herzen und dem Namenszug der Prinzessin heraus; man konnte da lesen, daß es jedem jungen Mann, der gut aussah, freistehe, auf das Schloß zu kommen und mit der Prinzessin zu sprechen; und den, der so sprach, daß man hören konnte, er sei dort wie zu Hause, und der am besten redete, den wollte die Prinzessin zum Mann nehmen. – Ja, ja!« sagte die Krähe, »du kannst mir glauben, es ist so gewiß, wie ich hier sitze; die Leute strömten herbei, es war ein Gedränge und ein Laufen, aber es glückte nicht, weder am ersten noch am zweiten Tag. Sie konnten alle gut reden, wenn sie draußen auf der Straße waren; aber wenn sie zum Schloßtor hereinkamen und die Garde in Silber sahen und auf den Treppen die Lakaien in Gold und die großen, erleuchteten Säle, dann wurden sie verwirrt; und standen sie vor dem Thron, auf dem die Prinzessin saß, dann wußten sie nichts zu sagen als das letzte Wort, das sie gesprochen hatte, und das noch einmal zu hören, daran lag ihr nichts. Es war, als ob die Leute da drinnen Schnupftabak auf den Bauch bekommen hätten und in Erstarrung gefallen wären, bis sie wieder auf die Straße hinauskamen, ja, dann konnten sie reden. Es stand eine Reihe vom Stadttor bis zum Schloß hin. Ich war selbst drinnen, um es zu sehen«, sagte die Krähe. »Sie wurden sowohl hungrig als durstig, aber vom Schloß bekamen sie nicht einmal soviel wie ein Glas lauwarmes Wasser. Wohl hatten einige der Klügsten Butterbrot mitgenommen, aber sie teilten nicht mit ihrem Nachbarn; sie dachten so: ›Laß ihn nur hungrig aussehen, dann nimmt die Prinzessin ihn nicht!‹«

»Aber Kay, der kleine Kay«, fragte Gerda. »Wann kommt er? War er unter den vielen?«

»Gib Zeit, gib Zeit! Nun sind wir gleich bei ihm. Es war am dritten Tag, da kam eine kleine Person, ohne Pferd oder Wagen, ganz unbefangen direkt auf das Schloß zu marschiert; seine Augen glänzten wie deine, er hatte schönes, langes Haar, aber sonst ärmliche Kleider.«

»Das war Kay«, jubelte Gerda. »Oh, dann habe ich ihn gefunden!« Und sie klatschte in die Hände.

»Er hatte einen kleinen Ranzen auf dem Rükken«, sagte die Krähe.

»Nein, das war wohl sein Schlitten«, sagte Gerda, »denn mit dem Schlitten ging er fort.«

»Das kann gut sein«, sagte die Krähe, »ich schaute nicht so genau hin. Aber das weiß ich von meiner zahmen Liebsten: Als er durch das Schloßtor kam und die Leibgarde in Silber und auf den Treppen die Lakaien in Gold sah, wurde er nicht im geringsten verzagt, er nickte und sagte zu ihnen: ›Es muß langweilig sein, auf der Treppe zu stehen, ich geh' lieber hinein.‹ Dort erstrahlten die Säle im Licht; Geheimräte und Exzellenzen gingen auf bloßen Füßen und trugen Goldschüsseln – es konnte einem wohl feierlich zumute werden. Seine Stiefel knarrten so fürchterlich laut, aber ihm wurde doch nicht bange.«

»Es ist ganz gewiß Kay«, sagte Gerda, »ich weiß, er hatte neue Stiefel, ich habe sie in Großmutters Stube knarren gehört.«

»Ja, knarren taten sie«, sagte die Krähe, »und

keck ging er gerade auf die Prinzessin zu, welche auf einer Perle saß, die so groß wie ein Spinnrad war; und alle Hofdamen mit ihren Mädchen und den Mädchen ihrer Mädchen, und alle Kavaliere mit ihren Dienern, und den Dienern ihrer Diener, die Knaben halten, standen ringsumher aufgestellt; und je näher sie der Tür standen, desto stolzer sahen sie aus. Des Dieners Dieners Knabe, der immer in Pantoffeln geht, darf man fast nicht anschauen, so stolz steht er in der Tür.«

»Das muß greulich sein!« sagte die kleine Gerda. »Und Kay hat doch die Prinzessin bekommen?«

»Wäre ich nicht eine Krähe gewesen, dann hätte ich sie genommen – und das, obwohl ich verlobt bin. Er soll ebensogut gesprochen haben, wie ich spreche, wenn ich Krähensprache spreche, das weiß ich von meiner zahmen Liebsten. Er war unbefangen und reizend; er war gar nicht gekommen, um zu freien, er war nur gekommen, um der Prinzessin Klugheit zu hören, und die fand er gut, und sie wiederum fand ihn gut.«

»Ja gewiß, es war Kay«, sagte Gerda, »er war so klug, er konnte kopfrechnen mit Brüchen. – Oh, willst du mich nicht auf das Schloß führen?«

»Ja, das ist leicht gesagt«, sagte die Krähe. »Aber wie machen wir das? Ich werde darüber mit meiner zahmen Liebsten reden; sie kann uns wohl raten; denn das muß ich dir sagen, so ein kleines Mädchen wie du bekommt nie Erlaubnis, richtig hineinzukommen.«

»Doch, das tue ich«, sagte Gerda. »Wenn Kay hört, daß ich hier bin, kommt er gleich heraus und holt mich.«

»Erwarte mich am Gitter dort!« sagte die Krähe, wackelte mit dem Kopf und flog fort.

Erst als es dunkler Abend war, kam die Krähe wieder zurück: »Rar! rar!« sagte sie. »Ich soll dich vielmals von ihr grüßen! Und hier ist ein Brötchen für dich, das nahm sie in der Küche, dort gibt es Brot genug, und du bist gewiß hungrig. – Es ist nicht möglich, daß du ins Schloß hineinkommen kannst, du bist ja barfuß; die Garde in Silber und die Lakaien in Gold würden es nicht zulassen; aber weine nicht, du sollst schon hinkommen. Meine Liebste weiß eine kleine Hintertreppe, die zum Schlafgemach führt, und sie weiß, wo sie den Schlüssel nehmen soll.«

Und sie gingen in den Garten hinein, in die große Allee, wo ein Blatt nach dem anderen abfiel, und als auf dem Schloß die Lichter gelöscht wurden, eines nach dem anderen, führte die Krähe die kleine Gerda zu einer Hintertür, die angelehnt war.

Oh, wie Gerdas Herz vor Angst und Sehnsucht klopfte! Es war, als ob sie etwas Böses tun wollte, und sie wollte ja nur wissen, ob es der kleine Kay sei; doch, er mußte es sein; sie dachte so lebhaft an seine klugen Augen, sein langes Haar; sie konnte ordentlich sehen, wie er lächelte, so wie damals, als sie daheim unter den Rosen saßen. Er würde sicher froh sein, sie zu sehen, zu hören, welchen weiten Weg sie seinetwegen gegangen war, und zu wissen, wie traurig sie zu Hause alle gewesen waren, als er nicht wiederkam. Oh, es war eine Furcht und eine Freude!

Jetzt waren sie auf der Treppe; es brannte eine kleine Lampe auf einem Schrank; mitten auf dem Boden stand die zahme Krähe und drehte den Kopf nach allen Seiten und betrachtete Gerda, die sich verneigte, wie Großmutter es sie gelehrt hatte.

»Mein Verlobter hat so schön von Ihnen gesprochen, mein kleines Fräulein«, sagte die zahme Krähe. »Ihre Vita, wie man es nennt, ist auch sehr rührend. – Wollen Sie die Lampe nehmen, dann werde ich vorausgehen. Wir gehen hier den geraden Weg, denn da treffen wir niemand.«

»Mir scheint, hier kommt jemand gerade hinter uns her«, sagte Gerda, und etwas sauste an ihr vorbei; es war wie Schatten der Wand entlang, Pferde mit flatternden Mähnen und dünnen Beinen, Jägerburschen, Herren und Damen zu Pferd.

»Das sind nur die Träume«, sagte die Krähe, »sie kommen und holen die Gedanken der hohen Herrschaft zur Jagd, das ist gut, dann können Sie sie besser im Bett betrachten. Aber lassen Sie mich sehen, wenn Sie zu Ehren und Würden gelangen, daß Sie dann ein dankbares Herz zeigen!«

»Darüber gibt es doch nichts zu reden«, sagte die Krähe vom Walde.

Nun kamen sie in den ersten Saal hinein. Er war aus rosenrotem Atlas mit künstlichen Blumen an den Wänden; hier sausten schon die Träume an ihnen vorbei, aber sie flogen so schnell, daß Gerda die hohe Herrschaft nicht zu sehen bekam. Ein Saal war immer prächtiger als der andere; ja, man konnte wohl verwirrt werden, und nun waren sie im Schlafgemach. Die Decke hier drinnen glich einer großen Palme mit Blättern aus Glas, kostbarem Glas, und mitten auf dem Boden hingen an einem dicken Stengel aus Gold zwei Betten, von denen jedes wie eine Lilie aussah; das eine war weiß, in ihm lag die Prinzessin; das andere war rot, und in dem sollte Gerda den kleinen Kay suchen. Sie bog eines der roten Blätter zur Seite, und da sah sie einen braunen Nacken. – Oh, es war Kay! – Sie rief ganz laut seinen Namen, hielt die Lampe zu ihm hin – die Träume sausten zu Pferd wieder in die Stube herein – er erwachte, drehte den Kopf, und – es war nicht der kleine Kay.

Der Prinz glich ihm nur im Nacken, aber jung und schön war er. Und aus dem weißen Lilienbett guckte die Prinzessin heraus und fragte, was da sei. Da weinte die kleine Gerda und erzählte ihre ganze Geschichte und alles, was die Krähen für sie getan hatten.

»Du kleines Armes!« sagten der Prinz und die

Prinzessin, und sie lobten die Krähen und sagten, daß sie gar nicht böse auf sie seien, aber sie dürften es doch nicht öfter tun, nun sollten sie aber eine Belohnung erhalten.

»Wollt ihr frei fliegen?« fragte die Prinzessin, »oder wollt ihr eine feste Anstellung als Hofkrähen haben, mit allem, was in der Küche abfällt?«

Und die beiden Krähen verneigten sich und baten um die feste Anstellung, denn sie dachten an ihr Alter und sagten: »Es ist so gut, etwas für den alten Mann zu haben«, wie sie es nannten.

Und der Prinz stand aus seinem Bett auf und ließ Gerda darin schlafen, und mehr konnte er nicht tun. Sie faltete ihre kleinen Hände und dachte: Wie sind doch Menschen und Tiere gut, und dann schloß sie ihre Augen und schlief so gesegnet. Alle Träume kamen wieder hereingeflogen, und da sahen sie aus wie Gottes Engel; und sie zogen einen kleinen Schlitten, und auf dem saß Kay und nickte; aber das Ganze war nur Träumerei, und deshalb war es auch wieder fort, sobald sie erwachte.

Am nächsten Tag wurde sie von Kopf bis Fuß in Seide und Samt gekleidet; es wurde ihr angeboten, auf dem Schloß zu bleiben und gute Tage zu haben, aber sie bat nur um einen kleinen Wagen mit einem Pferd davor und um ein Paar kleine Stiefel, dann wollte sie wieder in die weite Welt hinausfahren und Kay finden.

Und sie bekam sowohl Stiefel als Muff; und sie

wurde so reizend angekleidet, und als sie fort wollte, hielt vor der Tür eine Kutsche aus purem Gold; des Prinzen und der Prinzessin Wappen leuchtete an ihr wie ein Stern; Kutscher, Diener und Vorreiter, denn Vorreiter waren auch da, saßen mit Goldkronen da. Der Prinz und die Prinzessin halfen ihr selbst in den Wagen und wünschten ihr alles Glück. Die Waldkrähe, die nun verheiratet war, begleitete sie die ersten drei Meilen; sie saß neben ihr, denn sie konnte nicht ertragen, rückwärts zu fahren; die andere Krähe stand in der Pforte und schlug mit den Flügeln, sie folgte nicht mit; denn sie litt an Kopfweh, seit sie eine feste Anstellung erhalten hatte und zuviel zu essen bekam. Inwendig war die Kutsche mit Zuckerbretzeln gefüttert, und im Sitz waren Früchte und Pfeffernüsse.

»Leb wohl, leb wohl!« riefen Prinz und Prinzessin, und die kleine Gerda weinte, und die Krähe weinte –; so ging es die ersten Meilen; da sagte auch die Krähe Lebewohl, und das war der schwerste Abschied; sie flog auf einen Baum hinauf und schlug mit ihren schwarzen Flügeln, solange sie den Wagen sehen konnte, der wie der helle Sonnenschein strahlte.

Das kleine Räubermädchen

Sie fuhren durch den dunklen Wald, aber die Kutsche schimmerte wie ein Licht, das den Räubern in die Augen stach, das konnten sie nicht ertragen.

»Das ist Gold! Das ist Gold!« riefen sie, stürzten hervor, ergriffen die Pferde, schlugen die kleinen Jockeis, den Kutscher und die Diener tot und zogen nun die kleine Gerda aus dem Wagen.

»Sie ist fett, sie ist reizend, sie ist mit Nußkernen gemästet!« sagte das alte Räuberweib, das einen langen struppigen Bart hatte und Augenbrauen, die ihr über die Augen herabhingen. »Das ist so gut wie ein kleines, fettes Lamm! Na, wie die schmecken soll!« Und dann zog sie ihr blankes Messer heraus, und es blitzte, daß es grauenvoll war.

»Au!« sagte das Weib auf einmal; sie wurde ins Ohr gebissen von ihrer eigenen, kleinen Tochter, die auf ihrem Rücken hing und sich so wild und unartig gebärdete, daß es eine Lust war. »Du widerlicher Balg!« sagte die Mutter und kam nicht dazu, Gerda zu schlachten.

»Sie soll mit mir spielen«, sagte das kleine Räubermädchen. »Sie soll mir ihren Muff geben, ihr schönes Kleid, bei mir in meinem Bett schlafen.« Und dann biß sie wieder, so daß das Räuberweib in die Höhe sprang und sich rundherum drehte. Und alle Räuber lachten und sagten: »Seht, wie sie mit ihrem Balg tanzt!«

»Ich will in die Kutsche hinein«, sagte das kleine Räubermädchen, und sie mußte und wollte ihren Willen haben, denn sie war so verhätschelt und so eigensinnig. Sie und Gerda saßen im Wagen, und dann fuhren sie über Stoppeln und Dornbüsche tiefer in den Wald hinein. Das kleine Räubermädchen war so groß wie Gerda, aber stärker, breitschultriger und von dunkler Haut; die Augen waren ganz schwarz, sie sahen fast traurig aus. Sie faßte die kleine Gerda um den Leib und sagte: »Sie sollen dich nicht schlachten, solange ich nicht böse auf dich werde! Du bist sicher eine Prinzessin?«

»Nein«, sagte die kleine Gerda und erzählte ihr alles, was sie erlebt hatte, und wie sehr sie den kleinen Kay liebe.

Das Räubermädchen schaute sie ganz ernst an, nickte ein wenig mit dem Kopf und sagte: »Sie sollen dich nicht schlachten, selbst wenn ich auch böse auf dich werde, dann will ich es schon selber tun.« Und dann trocknete sie Gerdas Augen und steckte ihre beiden Hände in den schönen Muff, der so weich und warm war.

Nun hielt die Kutsche an; sie waren mitten im Hof eines Räuberschlosses; es war geborsten von zuoberst bis zuunterst. Raben und Krähen flogen aus den offenen Löchern, und die großen Bullenbeißer, von denen jeder aussah, als könne er einen

Menschen verschlingen, sprangen in die Höhe; aber sie bellten nicht, denn es war verboten.

In dem großen, alten, rußigen Saal brannte mitten auf dem Steinboden ein großes Feuer; der Rauch zog unter der Decke hin und mußte selbst sehen, wie er seinen Weg hinausfand; in einem großen Braukessel kochte Suppe, und sowohl Hasen als Kaninchen wurden am Spieß gedreht.

»Du sollst heute nacht mit mir hier bei allen meinen Kleintieren schlafen«, sagte das Räubermädchen. Sie bekamen zu essen und zu trinken und gingen dann in eine Ecke, wo Stroh und Decken lagen. Darüber saßen auf Latten und Stäben fast hundert Tauben, die zu schlafen schienen, sich aber doch ein wenig drehten, als die kleinen Mädchen kamen.

»Die gehören alle mir«, sagte das kleine Räubermädchen und ergriff rasch eine der nächsten, hielt sie an den Beinen und schüttelte sie, so daß sie mit den Flügeln schlug. »Küß sie!« rief sie und klatschte sie Gerda ins Gesicht. »Da sitzen die Waldkanaillen!« fuhr sie fort und zeigte hinter eine Menge Latten, die vor ein Loch hoch oben in der Mauer geschlagen waren. »Das sind Waldkanaillen, die beiden! Sie fliegen gleich fort, wenn man sie nicht recht eingeschlossen hat; und hier steht mein alter, liebster Bä!« Und sie zog ein Rentier am Horn, das einen blanken Kupferring um den Hals hatte und angebunden war. »Ihn müssen wir auch in der Klemme halten, sonst springt er uns ebenfalls fort. Jeden Abend kitzle ich ihn am Hals mit einem scharfen Messer, davor ist ihm so bange.« Und das kleine Mädchen zog ein langes Messer aus einem Spalt in der Mauer und ließ es über den Hals des Rentiers gleiten; das arme Tier schlug aus mit den Beinen, und das Räubermädchen lachte und zog Gerda mit aufs Bett herab.

»Willst du das Messer behalten, wenn du schläfst?« fragte Gerda und schaute etwas ängstlich nach ihm hin.

»Ich schlafe immer mit dem Messer«, sagte das kleine Räubermädchen. »Man weiß nie, was kommen kann. Aber erzähl mir nun wieder, was du vorhin von dem kleinen Kay erzähltest, und warum du in die weite Welt hinausgegangen bist.« Und Gerda erzählte wieder von vorne, und die Waldtauben gurrten dort oben im Bauer, die anderen Tauben schliefen. Das kleine Räubermädchen legte ihren Arm um Gerdas Hals, hielt das Messer in der anderen Hand und schlief, so daß man es hören konnte; aber Gerda konnte ihre Augen gar nicht schließen, sie wußte nicht, ob sie leben oder sterben sollte. Die Räuber saßen rings um das Feuer, sangen und tranken, und das Räuberweib schlug Purzelbäume. Oh, es war ganz greulich für ein kleines Mädchen, dies mit anzusehen.

Da sagten die Waldtauben: »Gurre, gurre! Wir haben den kleinen Kay gesehen. Ein weißes Huhn trug seinen Schlitten; er saß im Wagen der Schneekönigin, der niedrig über den Wald hinfuhr, als wir im Nest lagen; sie blies uns Junge an, und alle starben sie außer uns beiden; gurre, gurre!«

»Was sagt ihr dort oben?« rief Gerda, »wo reiste die Schneekönigin hin? Wißt ihr etwas davon?«

»Sie reiste sicher nach Lappland, denn dort ist immer Schnee und Eis. Frage nur das Rentier, das am Strick angebunden steht.«

»Dort ist Eis und Schnee, dort ist es herrlich und gut«, sagte das Rentier; »dort springt man frei umher in den großen, schimmernden Tälern. Dort hat die Schneekönigin ihr Sommerzelt; aber ihr festes Schloß ist oben gegen den Nordpol zu, auf der Insel, die Spitzbergen genannt wird.«

»O Kay, kleiner Kay!« seufzte Gerda.

»Jetzt sollst du still liegen«, sagte das kleine Räubermädchen, »sonst bekommst du das Messer in den Magen.«

Am Morgen erzählte Gerda ihr alles, was die Waldtauben gesagt hatten, und das kleine Räubermädchen sah ganz ernst aus, aber nickte mit dem Kopf und sagte: »Es ist gleich, es ist gleich. – Weißt du, wo Lappland ist?« fragte sie das Rentier.

»Wer sollte das besser wissen als ich«, sagte das Tier, und die Augen funkelten in seinem Kopf. »Dort bin ich geboren und aufgewachsen, dort bin ich auf den Schneefeldern herumgelaufen.«

»Hör!« sagte das Räubermädchen zu Gerda, »alle unsere Mannsleute sind fort, aber Mutter ist noch hier, und sie bleibt; aber später am Morgen trinkt sie aus der großen Flasche und macht darauf ein Schläfchen; – dann werde ich etwas für dich tun.«

Nun sprang sie aus dem Bett, fuhr der Mutter um den Hals, zog sie am Bart und sagte: »Mein eigener, süßer Ziegenbock, guten Morgen!« Und die Mutter knipste sie auf die Nase, so daß sie rot und blau wurde; aber das war alles aus lauter Liebe.

Als dann die Mutter aus ihrer Flasche getrunken hatte und ein kleines Schläfchen machte, ging das Räubermädchen zum Rentier hin und sagte: »Ich könnte sonderlich Lust haben, dich noch viele Male mit dem scharfen Messer zu kitzeln, denn dann bist du so lustig; aber es ist gleich, ich will deine Schnur lösen und dir hinaushelfen, damit du nach Lappland laufen kannst. Aber du mußt deine Beine rühren und dieses kleine Mädchen zum Schloß der Schneekönigin bringen, wo ihr Spielgefährte ist. Du hast wohl gehört, was sie erzählte, denn sie sprach laut genug, und du horchst.«

Das Rentier sprang hoch vor Freude. Das Räubermädchen hob die kleine Gerda hinauf und hatte die Vorsicht, sie festzubinden, ja ihr sogar ein kleines Kissen zu geben, auf dem sie sitzen konnte. »Es ist gleich«, sagte sie, »da hast du deine Pelzstiefel, denn es wird kalt, aber den Muff behalte ich, der ist allzu reizend. Aber frieren sollst du darum doch nicht. Hier hast du die großen Fausthandschuhe meiner Mutter, sie reichen dir bis an die Ellbogen; kriech hinein! – Jetzt siehst du an den Händen aus wie meine scheußliche Mutter.«

Und Gerda weinte vor Freude.

»Ich kann es nicht leiden, daß du flennst«, sagte das kleine Räubermädchen. »Nun sollst du just vergnügt aussehen. Und da hast du zwei Brote und einen Schinken, dann kannst du nicht hungern.« Beides wurde hinten auf das Rentier gebunden; das kleine Räubermädchen öffnete die Tür, lockte alle die großen Hunde herein, und dann schnitt sie den Strick mit ihrem Messer durch und sagte zum Rentier: »Lauf denn, aber gib wohl acht auf das kleine Mädchen!«

Und Gerda streckte die Hände mit den großen Fausthandschuhen nach dem Räubermädchen aus und sagte Lebewohl. Dann flog das Rentier davon über Büsche und Stoppeln, durch den großen Wald, über Sümpfe und Steppen, so schnell es nur konnte. Die Wölfe heulten, und die Raben krächzten. »Fut, fut!« sagte es am Himmel. Es war, als niese er rot.

»Das sind meine alten Nordlichter«, sagte das Rentier. »Schau, wie sie leuchten!« Und dann lief es noch schneller von dannen, Tag und Nacht; die Brote wurden gegessen, der Schinken auch, und dann waren sie in Lappland.

Die Lappin und die Finnin

Sie hielten vor einem kleinen Haus; es war so armselig; das Dach ging bis zur Erde herab, und die Tür war so niedrig, daß die Familie auf dem Bauch kriechen mußte, wenn sie hinaus oder hinein wollten. Hier war niemand zu Hause außer einer alten Lappin, die dastand und an einer Tranlampe Fische briet; und das Rentier erzählte Gerdas ganze Geschichte, aber erst seine eigene; denn es fand, daß sie viel wichtiger sei, und Gerda war so mitgenommen von der Kälte, daß sie nicht sprechen konnte.

»Ach, ihr Ärmsten!« sagte die Lappin, »da habt ihr noch weit zu laufen! Ihr müßt weiter über hundert Meilen nach Finnmarken hinein, denn dort wohnt die Schneekönigin auf dem Land und zündet jeden Abend bengalische Flammen an. Ich werde ein paar Worte auf einen gedörrten Stockfisch schreiben, Papier habe ich nicht, den werde ich euch mitgeben für die Finnin dort oben, sie kann euch besseren Bescheid geben als ich.«

Und als nun Gerda erwärmt worden war und zu essen und trinken bekommen hatte, schrieb die Lappin ein paar Worte auf einen gedörrten Stockfisch und bat Gerda, wohl auf ihn acht zu geben, band sie wieder auf das Rentier fest, und dieses sprang davon. »Fut, fut!« sagte es oben in der Luft;

die ganze Nacht brannte das schönste blaue Nordlicht – und dann kamen sie nach Finnmarken und klopften an den Schornstein der Finnin, denn sie hatte nicht einmal eine Tür.

Es war eine Hitze drinnen, daß die Finnin selbst fast ganz nackt ging; klein war sie und ganz schmutzig; sie löste gleich die Kleider der kleinen Gerda, zog die Fausthandschuhe und Stiefel ab, denn sonst wäre es ihr zu heiß geworden, legte dem Rentier ein Stück Eis auf den Kopf und las dann, was auf dem Stockfisch geschrieben stand. Sie las es dreimal, dann wußte sie es auswendig und steckte den Fisch in den Kochtopf, denn er konnte ja gegessen werden, und sie vergeudete nie etwas.

Nun erzählte das Rentier erst seine Geschichte, dann die der kleinen Gerda, und die Finnin blinzelte mit den klugen Augen, sagte aber nichts.

»Du bist so klug«, sagte das Rentier; »ich weiß, du kannst alle Winde der Welt in einen Nähfaden knüpfen; wenn der Schiffer den einen Knoten löst, bekommt er guten Wind, löst er den zweiten, da bläst es scharf, und löst er den dritten und vierten, so stürmt es, daß die Wälder umfallen. Willst du dem kleinen Mädchen nicht einen Trank geben, daß sie Zwölf-Männer-Kraft erhalten und die Schneekönigin überwinden kann?«

»Zwölf-Männer-Kraft«, sagte die Finnin; »ja, das würde viel helfen!« Und dann ging sie zu einem

Brett, nahm ein großes, zusammengerolltes Fell hervor, und das rollte sie auf; es waren sonderbare Buchstaben darauf geschrieben, und die Finnin las, daß ihr das Wasser von der Stirne rann.

Aber das Rentier bat wieder so sehr für die kleine Gerda, und Gerda sah die Finnin mit so bittenden, tränenvollen Augen an, daß diese wieder mit den ihren zu blinzeln begann und das Rentier in eine Ecke zog, wo sie ihm etwas zuflüsterte, während es frisches Eis auf den Kopf bekam.

»Der kleine Kay ist allerdings bei der Schneekönigin und findet dort alles nach Gefallen und Wunsch und glaubt, es sei der beste Ort der Welt; aber das kommt daher, weil er einen Glassplitter ins Herz und ein kleines Glaskörnchen ins Auge bekommen hat; die müssen erst heraus, sonst wird er nie wieder ein Mensch, und die Schneekönigin wird ihre Macht über ihn behalten.«

»Aber kannst du der kleinen Gerda nicht etwas eingeben, damit sie Macht über das Ganze erhält?«

»Ich kann ihr nicht größere Macht geben, als sie schon hat. Siehst du nicht, wie groß die ist? Siehst du nicht, wie Menschen und Tiere ihr dienen müssen und wie sie auf bloßen Füßen so gut in der Welt vorwärtsgekommen ist? Sie braucht ihre Macht nicht von uns zu erfahren, die sitzt in ihrem Herzen und besteht darin, daß sie ein süßes, unschuldiges Kind ist. Kann sie nicht selbst zur Schneekönigin hineingelangen und die Glassplitter aus dem kleinen Kay herausbekommen, dann können wir ihr nicht helfen. Zwei Meilen von hier beginnt der Garten der Schneekönigin, dorthin kannst du das kleine Mädchen tragen; setze sie ab bei dem großen Busch, der voll roter Beeren im Schnee steht; mache kein langes Geschwätz, sondern beeile dich hierher zurück!« Und dann hob die Finnin die kleine Gerda auf das Rentier, das lief, was es konnte.

»Oh, ich habe meine Stiefel nicht! Ich habe meine Fausthandschuhe nicht!« rief die kleine Gerda; das merkte sie in der schneidenden Kälte; aber das Rentier wagte nicht anzuhalten, es lief, bis es an den großen Busch mit den roten Beeren kam; dort setzte es Gerda ab, küßte sie auf den Mund, und es liefen große, blanke Tränen über des Tieres Backen herab, und dann rannte es, was es konnte, wieder zurück. Da stand die arme Gerda, ohne Schuhe, ohne Handschuhe, mitten in dem fürchterlichen, eiskalten Finnmarken.

Sie lief vorwärts, so rasch sie konnte; da kam ein ganzes Regiment Schneeflocken; aber sie fielen nicht vom Himmel herab, er war ganz klar und leuchtete von den Nordlichtern; die Schneeflocken liefen gerade über der Erde hin, und je näher sie kamen, desto größer wurden sie; Gerda erinnerte sich wohl daran, wie groß und künstlich sie damals ausgesehen hatten, als sie sie durch das Brennglas sah; aber hier waren sie allerdings noch ganz anders groß und furchtbar, sie waren lebendig, sie waren die Vorposten der Schneekönigin; sie hatten die merkwürdigsten Gestalten; einige sahen aus wie häßliche, große Stachelschweine; andere wie ganze Knoten aus Schlangen, die die Köpfe vorstreckten, und andere wie kleine, dicke Bären, deren Haare sich sträubten, alle glänzend weiß, alle waren lebendige Schneeflocken.

Da betete die kleine Gerda ihr Vaterunser, und die Kälte war so groß, daß sie ihren eigenen Atem sehen konnte, wie Rauch strömte er ihr aus dem Mund; der Atem wurde dichter und dichter, und er formte sich zu kleinen, lichten Engeln, die mehr und mehr wuchsen, wenn sie die Erde berührten; und alle hatten sie Helme auf dem Kopf und Speer und Schild in den Händen; es wurden mehr und mehr, und als Gerda ihr Vaterunser beendet hatte, war eine ganze Legion um sie; sie hieben mit ihren Speeren nach den greulichen Schneeflocken, so daß sie in hundert Stücke zersprangen, und die kleine Gerda ging ganz sicher und unverzagt vorwärts. Die Engel streichelten ihre Füße und ihre Hände, und da fühlte sie weniger, wie kalt es war, und ging rasch auf das Schloß der Schneekönigin zu.

Aber nun sollten wir erst sehen, wie es Kay geht. Er dachte wahrlich nicht an die kleine Gerda und am allerwenigsten daran, daß sie draußen vor dem Schloß stand.

Was im Schloß der Schneekönigin geschah, und was später geschah

Die Wände des Schlosses waren aus stiebendem Schnee, und Fenster und Türen aus schneidenden Winden; es waren über hundert Säle, je nachdem der Schnee stob; der größte erstreckte sich viele Meilen weit, alle beleuchtet von dem starken Nordlicht, und sie waren so groß, so leer, so eisig kalt und so glitzernd. Niemals gab es hier Fröhlichkeit, nicht einmal soviel wie einen kleinen Bärenball, wo der Sturm aufblasen und die Eisbären auf den Hinterbeinen gehen und feine Manieren zeigen konnten; niemals eine kleine Spielgesellschaft mit Maulklapp und Tatzenschlag; niemals ein klein wenig Kaffeeklatsch von den weißen Fuchsfräulein; leer, groß und kalt war es in den Sälen der Schneekönigin. Die Nordlichter flammten so regelmäßig, daß man zählen konnte, wann sie am höchsten und wann sie am niedrigsten standen. Mitten drinnen in dem leeren, unendlichen Schneesaal war ein gefrorener See; er war in tausend Stücke zersprungen; aber jedes Stück war so genau gleich wie das andere, daß es ein ganzes Kunstwerk war; und mitten darauf saß die Schneekönigin, wenn sie zu Hause war, und dann sagte sie, daß sie im Spiegel des Verstandes sitze, und das sei das Einzige und das Beste auf dieser Welt.

Der kleine Kay war ganz blau vor Kälte, ja fast schwarz; aber er merkte es doch nicht, denn sie hatte ihm ja den Kälteschauer weggeküßt, und sein Herz war so gut wie ein Eisklumpen. Er ging und schleppte einige scharfe, flache Eisstücke umher, die er auf alle möglichen Arten zusammenlegte; denn er wollte damit etwas herausbringen; es war, als wenn wir anderen kleine Holztafeln haben und diese in Figuren zusammenlegen, was man das chinesische Spiel nennt. Kay ging auch und legte Figuren, die allerkunstvollsten, es war das Verstandes-Eisspiel; in seinen Augen waren die Figuren ganz ausgezeichnet und von allerhöchster Wichtigkeit; das machte das Glaskörnchen, das ihm im Auge saß. Er legte ganze Figuren, die ein geschriebenes Wort waren; aber nie konnte er herausfinden, wie das Wort zu legen sei, das er just legen wollte, das Wort: Ewigkeit. Und die Schneekönigin hatte gesagt: »Kannst du mir diese Figur herausfinden, dann sollst du dein eigener Herr sein, und ich schenke dir die ganze Welt und ein Paar neue Schlittschuhe.« Aber er konnte es nicht.

»Nun sause ich fort nach den warmen Ländern«, sagte die Schneekönigin, »ich will hin und in die schwarzen Töpfe hineingucken.« – Das waren die feuerspeienden Berge, Ätna und Vesuv, wie man sie nennt. »Ich werde sie ein wenig weiß machen! Das gehört dazu; das wird den Zitronen und Trauben guttun.« Und dann flog die Schneekönigin fort, und Kay saß ganz allein in dem viele Meilen großen, leeren Eissaal und schaute die Eisstücke an und dachte und dachte, so daß es in ihm knackte; ganz steif und still saß er da, man hätte glauben können, er sei erfroren.

Da geschah es, daß die kleine Gerda ins Schloß durch das große Tor trat, das aus schneidenden Winden bestand; aber sie sprach ihr Abendgebet; und da legten sich die Winde, als wollten sie schlafen, und sie trat in die großen, leeren, kalten Säle ein – und da sah sie Kay, sie erkannte ihn, sie flog ihm um den Hals, hielt ihn fest und rief: »Kay, süßer, kleiner Kay! So habe ich dich denn gefunden!«

Aber er saß ganz still, steif und kalt; da weinte die kleine Gerda heiße Tränen, sie fielen auf seine Brust, sie drangen in sein Herz hinein, sie tauten den Eisklumpen auf und verzehrten das kleine Spiegelstückchen da drinnen; er sah sie an, und sie sang das Lied:

»Im Tale blühen die Rosen so schön,
Dort werden wir das Jesuskind sehn.«

Da brach Kay in Tränen aus; er weinte, so daß das Spiegelkörnchen aus seinen Augen herausrollte, er erkannte sie und jubelte: »Gerda, süße, kleine Gerda! – Wo bist du doch so lange gewesen? Und wo bin ich gewesen?« Und er blickte ringsum. »Wie kalt ist es hier! Wie leer und groß ist es hier!«

Und er hielt sich an Gerda fest, und sie lachte und weinte vor Freude; es war so beglückend, daß selbst die Eisstücke vor Freude umhertanzten, und als sie müde waren und sich niederlegten, lagen sie gerade in den Buchstaben, von denen die Schneekönigin gesagt hatte, daß er sie ausfindig machen solle, dann sei er sein eigener Herr, und sie wolle ihm die ganze Welt und ein Paar neue Schlittschuhe geben. Und Gerda küßte seine Wangen, und sie wurden blühend; sie küßte seine Augen, und sie leuchteten wie die ihren; sie küßte seine Hände und seine Füße, und er war gesund und munter. Die Schneekönigin mochte immer nach Hause kommen, sein Freibrief stand da mit glänzenden Eisstücken geschrieben.

Und sie faßten einander bei den Händen und wanderten aus dem großen Schloß hinaus; sie sprachen von Großmutter und von den Rosen oben auf dem Dach; und wo sie gingen, lagen die Winde ganz still, und die Sonne brach hervor; und als sie den Busch mit den roten Beeren erreichten, stand das Rentier dort und wartete; es hatte ein anderes junges Rentier bei sich, dessen Euter voll war, und es gab den Kleinen seine warme Milch und küßte sie auf den Mund. Dann trugen sie Kay und Gerda zuerst zur Finnin, wo sie sich in der heißen Stube erwärmten und Bescheid über die Heimreise erhielten, und dann zur Lappin, die ihnen neue Kleider genäht und ihren Schlitten instand gesetzt hatte.

Und das Rentier und das Junge sprangen neben dem Schlitten her und begleiteten sie bis an des Landes Grenze; dort guckte das erste Grün hervor, und dort nahmen sie Abschied von dem Rentier und der Lappin. »Lebt wohl!« sagten sie alle. Und die ersten kleinen Vögel begannen zu zwitschern, der Wald hatte grüne Knospen, und aus ihm kam herausgeritten auf einem prächtigen Pferd, das Gerda kannte (es war vor die Goldkutsche gespannt gewesen), ein junges Mädchen mit einer leuchtenden, roten Mütze auf dem Kopf und Pistolen im Halfter; es war das kleine Räubermädchen, das es satt hatte, zu Hause zu sein, und nun erst gegen Norden wollte und später nach einer anderen Kante, falls es ihr dort nicht gefiele. Sie erkannte Gerda gleich, und Gerda erkannte sie, es war eine Freude!

»Du bist ein netter Kerl, dich so herumzutreiben«, sagte sie zum kleinen Kay, »ich möchte wohl wissen, ob du es verdienst, daß man deinetwegen bis ans Ende der Welt läuft.«

Aber Gerda streichelte ihre Wangen und fragte nach dem Prinzen und der Prinzessin.

»Die sind nach fremden Ländern gereist«, sagte das Räubermädchen.

»Aber die Krähe?« fragte die kleine Gerda.

»Ja, die Krähe ist tot«, antwortete sie. »Die zahme Liebste ist Witwe geworden und geht mit einem Stückchen schwarzen Wollfaden um das

Bein; sie klagt jämmerlich, und Geschwätz ist das Ganze! – Aber erzähle mir nun, wie es dir ergangen ist und wie du ihn erwischt hast!«

Und Gerda und Kay erzählten beide.

»Und Schnipp-schnapp-schnurre-basselurre!« sagte das Räubermädchen, faßte sie beide an den Händen und versprach, wenn sie je einmal durch ihre Stadt käme, dann wolle sie heraufkommen und sie besuchen, und dann ritt sie in die weite Welt hinaus; aber Kay und Gerda gingen Hand in Hand, und wie sie so gingen, war es schöner Frühling mit Blumen und Grün; die Kirchenglocken läuteten, und sie erkannten die hohen Türme, die große Stadt, es war die, in der sie wohnten, und sie gingen in die Stadt hinein und hin zu Großmutters Tür, und die Treppe hinauf, in die Stube hinein, wo alles noch am gleichen Ort stand wie früher, und die Uhr sagte: »Tick! Tack!«, und der Zeiger drehte sich; aber als sie durch die Tür gingen, merkten sie, daß sie erwachsene Menschen geworden waren. Die Rosen in der Dachrinne blühten zum offenen Fenster herein, und da standen die kleinen Kinderstühle, und Kay und Gerda setzten sich jedes auf den seinen und hielten einander bei den Händen; sie hatten die kalte, leere Herrlichkeit bei der Schneekönigin gleich einem schweren Traum vergessen. Großmutter saß in Gottes heller Sonne und las laut aus der Bibel vor:

»Es sei denn, daß ihr umkehret und werdet wie

die Kinder, so werdet ihr nicht ins Himmelreich kommen!«

Und Kay und Gerda schauten einander in die Augen, und sie verstanden auf einmal das alte Lied:

»Im Tale blühen die Rosen so schön,
Dort werden wir das Jesuskind sehn.«

Da saßen sie beide, erwachsen und doch Kinder, Kinder im Herzen, und es war Sommer, warmer, gesegneter Sommer.

DER LETZTE TRAUM DER ALTEN EICHE

Es stand im Wald, hoch oben am Abhang beim offenen Strand, so eine richtige alte Eiche; sie war gerade dreihundertfünfundsechzig Jahre alt, aber diese lange Zeit war für den Baum nicht mehr als ebenso viele Tage für uns Menschen; wir wachen am Tag, schlafen in der Nacht und haben dann unsere Träume; mit dem Baum ist es anders, der Baum ist wach während der drei Jahreszeiten. Erst gegen den Winter kommt sein Schlaf, der Winter ist seine Ruhezeit; er ist seine Nacht nach dem langen

Tag, der Frühling, Sommer und Herbst genannt wird.

Manchen warmen Sommertag hatte die Eintagsfliege rings um seine Krone getanzt, gelebt, geschwebt und sich glücklich gefühlt, und ruhte dann das kleine Geschöpf einen Augenblick in stiller Glückseligkeit auf einem der großen, frischen Eichenblätter, dann sagte der Baum stets: »Arme Kleine, nur ein einziger Tag ist dein ganzes Leben! Wie kurz doch, das ist so traurig!«

»Traurig«, antwortete da stets die Eintagsfliege, »was meinst du damit? Alles ist ja so unvergleichlich hell, so warm und schön, und ich bin so froh.«

»Aber nur einen Tag, und dann ist alles vorbei.«

»Vorbei«, sagte die Eintagsfliege. »Was ist vorbei? Bist auch du vorbei?«

»Nein, ich lebe vielleicht Tausende von deinen Tagen, und meine Tage sind ganze Jahreszeiten. Das ist etwas so Langes, wie du es gar nicht ausrechnen kannst.«

»Nein, denn ich verstehe dich nicht. Du hast Tausende von meinen Tagen, aber ich habe Tausende von Augenblicken, um in ihnen froh und glücklich zu sein. Hört alle Schönheit dieser Welt auf, wenn du stirbst?«

»Nein«, sagte der Baum, »sie dauert wahrscheinlich länger, unendlich länger, als ich es denken kann.«

»Aber dann haben wir ja gleich viel, nur daß wir verschieden rechnen.«

Und die Eintagsfliege tanzte und schwang sich in die Luft, freute sich an ihren feinen, kunstvollen Flügeln, an deren Flor und Samt, freute sich in der warmen Luft, die so würzig war vom Duft des Kleefeldes und der wilden Heckenrosen, des Holunders und Geißblatts, vom Waldmeister, den Schlüsselblumen und der wilden Pfefferminze ganz zu schweigen; es duftete so stark, daß die Eintagsfliege glaubte, einen kleinen Rausch davon zu haben. Der Tag war lang und schön, voll von Freude und süßer Empfindung. Und wenn dann die Sonne sank, fühlte die kleine Fliege sich stets so behaglich müde von all der Fröhlichkeit. Die Flügel wollten sie nicht länger tragen, und ganz sachte glitt sie hinab auf einen weichen, schaukelnden Grashalm, nickte mit dem Kopf, wie er nicken kann, und schlief dann fröhlich ein; das war der Tod.

»Arme, kleine Eintagsfliege«, sagte die Eiche, »das war doch ein allzu kurzes Leben!«

Und an jedem Sommertag wiederholte sich derselbe Tanz, dasselbe Gespräch, dieselbe Antwort und dasselbe Entschlafen; es wiederholte sich durch ganze Geschlechter von Eintagsfliegen, und alle waren sie gleich glücklich, gleich froh. Die Eiche stand wach an ihrem Frühlingsmorgen, Sommermittag und Herbstabend; nun aber nahte ihre

Schlafenszeit, ihre Nacht; der Winter stand vor der Tür.

Schon sangen die Stürme: »Gute Nacht, gute Nacht! Es fiel ein Blatt, es fiel ein Blatt! Wir pflükken, wir pflücken! Sieh zu, daß du schlafen kannst! Wir singen dich in Schlaf, wir schütteln dich in Schlaf, aber nicht wahr, das tut wohl in den alten Zweigen! Sie knacken dabei aus lauter Vergnügen, schlaf süß, schlaf süß! Es ist deine dreihundertfünfundsechzigste Nacht, eigentlich bist du nur ein heuriges Kind! Schlafe süß! Die Wolke streut Schnee, es wird ein ganzes Laken, eine warme Schneedecke um deine Füße! Schlaf süß und träume behaglich!«

Und die Eiche stand all ihres Laubes entkleidet da, um zur Ruhe zu gehen für den ganzen, langen Winter und manchen Traum zu träumen, immer etwas Erlebtes wie in den Träumen der Menschen.

Sie war auch einmal klein gewesen, ja, eine Eichel war ihre Wiege gewesen; nach Menschenrechnung lebte sie jetzt im vierten Jahrhundert; es war der größte und beste Baum im Wald, mit ihrer Krone ragte sie hoch über all die anderen Bäume und wurde weit vom Meer aus gesehen, war ein Schiffsmerkzeichen; sie dachte gar nicht daran, wie viele Augen sie suchten. Hoch oben in ihrer grünen Krone nisteten die Waldtauben, und der Kuckuck rief dort sein Kuckuck. Und im Herbst, wenn die Blätter aussahen wie gehämmerte Kupferplatten, dann kamen die Zugvögel und rasteten dort, bevor sie über das Meer flogen; aber jetzt war es Winter, der Baum stand entblättert, man konnte so recht sehen, wie gekrümmt und eckig die Zweige waren; Krähen und Dohlen kamen und setzten sich abwechselnd hin und sprachen von den strengen Zeiten, die begannen, und wie schwer es sei, im Winter Futter zu finden.

Es war gerade in der heiligen Weihnachtszeit, da träumte der Baum seinen schönsten Traum; den wollen wir hören.

Der Baum hatte deutlich eine Empfindung davon, daß es eine festliche Zeit sei, ihm schien, als höre er alle Kirchenglocken ringsumher läuten, und dabei war es wie an einem schönen Sommertag, mild und warm. Er breitete so frisch und grün seine mächtige Krone aus, die Sonnenstrahlen spielten zwischen Blättern und Zweigen, die Luft war erfüllt mit Duft von Kräutern und Büschen; bunte Schmetterlinge spielten »Haschen«, und die Eintagsfliegen tanzten, als sei alles nur dazu da, damit sie tanzen und sich vergnügen sollten. Alles, was der Baum Jahre hindurch erlebt und um sich her gesehen hatte, zog vorüber wie in einem ganzen Festzug. Er sah aus alten Zeiten Ritter und Damen zu Pferd, mit Federn am Hut und dem Falken auf der Hand, durch den Wald reiten; das Jagdhorn ertönte, und die Hunde bellten; er sah feindliche Soldaten in blanken Waffen und bunten Kleidern, mit Spießen und Hellebarden, Zelte aufschlagen und wieder abbrechen; das Wachtfeuer flammte, und es wurde gesungen und geschlafen unter den ausgestreckten Ästen des Baumes. Er sah Liebesleute in stillem Glück sich hier im Mondschein treffen und ihre Namen, den ersten Buchstaben, in die graugrüne Rinde schneiden. Zither und Äolsharfe waren einst – ja, da lagen Jahre dazwischen – in den Zweigen der Eiche aufgehängt worden von fahrenden, munteren Gesellen. Nun hingen sie wieder da, nun klangen sie wieder so lieblich. Die Waldtauben gurrten, als wollten sie erzählen, was der Baum dabei fühlte, und der Kukkuck rief, wie manchen Sommertag er leben sollte.

Da war es, als riesele ihm ein neuer Lebensstrom bis hinab in die kleinsten Wurzeln und hinauf bis in die am höchsten ragenden Zweige, bis in die Blätter hinaus. Der Baum fühlte, daß er sich dabei streckte, ja, er spürte mit den Wurzeln, wie auch unten in der Erde Leben und Wärme war; er fühlte seine Kraft zunehmen, er wuchs höher und höher; der Stamm schoß empor, da war kein Stillstehen, er wuchs mehr und immer mehr, die Krone wurde voller, breitete sich aus, hob sich – und je mehr der Baum wuchs, desto mehr wuchs auch sein Wohlbefinden, seine beseligende Sehnsucht danach, immer höher zu gelangen, bis hinauf zu der leuchtenden, warmen Sonne.

Schon war er hoch über die Wolken emporgewachsen, die gleich dunklen Zugvogelscharen oder großen, weißen Schwanenzügen unter ihm dahinzogen.

Und jedes Blatt des Baumes konnte sehen, als hätte es Augen, um damit zu schauen; die Sterne wurden am Tag sichtbar, so groß und blank; jeder von ihnen leuchtete wie ein Augenpaar, mild und klar; sie erinnerten an bekannte, liebe Augen, an Kinderaugen, an die Augen von Liebenden, wenn sie sich unter dem Baum begegneten.

Es war ein holdseliger Augenblick, voll Wonne! Und doch, in all dieser Freude empfand der Baum eine Sehnsucht und Lust danach, daß alle die anderen Bäume des Waldes dort unten, alle Büsche, Kräuter und Blumen sich mit erheben, diesen Glanz und diese Freude auch fühlen und empfinden möchten. Die mächtige Eiche war in all der Herrlichkeit ihres Traumes nicht vollkommen glücklich, wenn nicht alle, Kleine und Große, daran teilhaben konnten, und dies Gefühl bebte durch Zweige und Blätter so innig, so stark, wie in einer Menschenbrust.

Die Krone des Baumes bewegte sich, als suche und entbehre er etwas; er schaute zurück, und da spürte er den Duft von Waldmeister und bald den noch stärkeren Duft von Geißblatt und Veilchen; er glaubte zu hören, wie ihm der Kuckuck antwortete.

Ja, durch die Wolken guckten die grünen Wipfel des Waldes hervor, er sah unter sich die anderen

Bäume wachsen und sich erheben gleich ihm; Büsche und Kräuter schossen hoch in die Luft empor; einzelne rissen sich mit der Wurzel los und flogen noch schneller. Die Birke war am schnellsten; wie ein weißer Blitzstrahl zuckte ihr schlanker Stamm aufwärts, die Zweige wogten wie grüne Schleier und Fahnen; die ganze Waldnatur, selbst das braungefiederte Röhricht, wuchs mit, und die Vögel folgten mit und sangen. Auf dem Grashalm, der wie ein langes, grünes Seidenband losgelöst flatterte und flog, saß die Heuschrecke und spielte mit dem Flügel auf ihrem Schienbein; die Maikäfer brummten und die Bienen summten, jeder Vogel sang, wie ihm der Schnabel gewachsen war, alles war Gesang und Freude bis in den Himmel hinein.

»Aber die kleine, rote Blume am Wasser, die sollte auch mit«, sagte die Eiche, »und die blaue Glockenblume, und das kleine Gänseblümchen.« – Ja, die Eiche wollte sie alle dabei haben.

»Wir sind dabei! Wir sind dabei!« sang und klang es.

»Aber der schöne Waldmeister vom vorigen Sommer – und im Jahr vorher war hier ein Flor von Maiglöckchen –! Und der wilde Apfelbaum, wie schön blühte er doch! – Und all die Waldespracht von Jahren, von vielen Jahren! – Hätte sie doch gelebt oder wäre jetzt entstanden, dann hätte sie auch mit dabeisein können!«

»Wir sind dabei! Wir sind dabei!« sang und klang es noch höher oben; es war, als seien sie vorangeflogen.

»Nein, das ist alles zu unglaublich schön«, jubelte die alte Eiche. »Ich habe sie alle, klein und groß. Nicht eins ist vergessen. Wie ist doch all diese Glückseligkeit möglich und denkbar!«

»In Gottes Himmel ist sie möglich und denkbar«, klang es.

Und der Baum, der ständig wuchs, spürte, daß seine Wurzeln sich von der Erde lösten.

»Das ist nun das Allerbeste«, sagte der Baum, »jetzt hält mich kein Band. Ich kann in Licht und Glanz hinauffliegen in das Allerhöchste. Und alle Lieben habe ich mit. Kleine und große. Alle dabei!«

»Alle!«

Das war der Traum der Eiche, und während sie träumte, ging ein gewaltiger Sturm hin über Meer und Land in der heiligen Christnacht; die See wälzte schwere Wogen gegen den Strand, der Baum knackte und krachte und wurde mit der Wurzel ausgerissen, gerade während er träumte, daß seine Wurzeln sich loslösten. Er fiel. Seine dreihundertfünfundsechzig Jahre waren jetzt wie ein Tag für die Eintagsfliege.

Am Weihnachtsmorgen, als die Sonne aufging, hatte sich der Sturm gelegt; alle Kirchenglocken läuteten festlich, und aus jedem Schornstein, selbst aus dem kleinsten auf dem Dach des Häuslers, hob sich der Rauch bläulich, wie vom Altar beim Fest der Druiden der Opferrauch des Dankes sich erhob. Die See wurde stiller und stiller, und auf einem großen Fahrzeug da draußen, das in der Nacht das harte Wetter gut überstanden hatte, wurden nun alle Flaggen gehißt, weihnachtsfestlich und schön.

»Der Baum ist fort. Die alte Eiche, unser Merkzeichen an Land«, sagten die Seeleute. »Sie ist in dieser Sturmnacht gefallen. Wer soll sie ersetzen können? Das kann niemand.«

Solche Leichenrede, kurz, aber wohlgemeint, bekam der Baum, der auf der Schneedecke am Strand ausgestreckt lag; und über ihn hin erklang Psalmengesang vom Schiff, das Lied von der Weihnachtsfreude und der Errettung der Menschenseele in Christus und von dem ewigen Leben:

»Sing laut zum Himmel, Christenheit,
Halleluja, denn unsre Freud
ist groß und ohnegleichen!
Halleluja, Halleluja!«

So lautete das alte Lied, und jeder dort draußen auf dem Schiff wurde auf seine Weise durch den Gesang und das Gebet erhoben, geradeso, wie sich der alte Baum erhoben hatte in seinem letzten, seinem schönsten Traum in der Christnacht.

DER TANNENBAUM

Draußen im Wald stand so ein niedlicher Tannenbaum; er hatte einen guten Platz: Sonne konnte er bekommen, Luft war genug da, und ringsum wuchsen viele größere Kameraden, sowohl Tannen als Fichten; aber der kleine Tannenbaum war so eifrig aufs Wachsen bedacht; er dachte nicht an die warme Sonne und an die frische Luft, er machte sich nichts aus den Bauernkindern, die da gingen und plauderten, wenn sie draußen waren, um Erdbeeren und Himbeeren zu sammeln; oft kamen sie mit einem ganzen Topf voll oder hatten Erdbeeren auf einen Strohhalm gezogen; dann setzten sie sich neben den kleinen Baum und sagten: »Nein, wie herzig klein der ist!« Das wollte der Baum gar nicht hören. Im Jahr danach war er um einen langen Ansatz größer, und wieder ein Jahr darauf war er um noch einen länger; denn an einem Tannenbaum kann man immer an den vielen Ansätzen, die er hat, sehen, wie viele Jahre er gewachsen ist.

»Oh, wäre ich doch so ein großer Baum wie die anderen«, seufzte der kleine Baum, »dann könnte ich meine Zweige weit umher ausbreiten und mit der Spitze in die weite Welt hinaussehen! Die Vögel würden dann Nester bauen zwischen meinen Zweigen, und wenn der Wind weht, könnte ich so vornehm nicken, gerade wie die anderen dort.«

Er hatte gar kein Vergnügen am Sonnenschein, an den Vögeln oder an den roten Wolken, die morgens und abends über ihn hinsegelten.

War es nun Winter, und der Schnee lag funkelndweiß ringsumher, dann kam oft ein Hase gesprungen und setzte gerade über den kleinen Baum hinweg – oh, das war so ärgerlich! – Aber zwei Winter vergingen, und im dritten war der Baum so groß, daß der Hase um ihn herumlaufen mußte. Oh, wachsen, wachsen, groß und alt werden, das ist doch das einzig Schöne in dieser Welt, dachte der Baum.

Im Herbst kamen immer Holzhauer und fällten einige von den größten Bäumen; das geschah jedes Jahr, und der junge Tannenbaum, der nun recht erwachsen war, erbebte dabei, denn die großen, prächtigen Bäume fielen mit einem Knacken und Krachen zu Boden; die Zweige wurden abgehauen, sie sahen ganz nackt, lang und schmal aus; sie waren fast nicht zu erkennen, aber dann wurden sie auf Wagen gelegt, und Pferde zogen sie davon, aus dem Wald hinaus.

Wo sollten sie hin? Was stand ihnen bevor?

Im Frühling, als die Schwalbe und der Storch kamen, fragte der Baum sie: »Wißt ihr nicht, wo sie hingeführt wurden? Seid ihr ihnen nicht begegnet?«

Die Schwalben wußten nichts, aber der Storch sah nachdenklich aus, nickte mit dem Kopf und sagte: »Doch, ich glaube es! Ich begegnete vielen neuen Schiffen, als ich von Ägypten flog; auf den Schiffen waren prächtige Mastbäume; ich darf sagen, daß sie es waren, sie rochen nach Tanne; ich kann vielmals von ihnen grüßen, sie ragen empor, sie ragen empor.«

»Oh, wäre ich doch auch groß genug, um über das Meer hinzufliegen! Wie ist es eigentlich, dieses Meer, und wie sieht es aus?«

»Ja, das ist so weitläufig zu erklären«, sagte der Storch, und dann ging er.

»Freue dich deiner Jugend!« sagten die Sonnenstrahlen; »freue dich deines frischen Wuchses, des jungen Lebens, das in dir ist!«

Und der Wind küßte den Baum, und der Tau weinte Tränen über ihn, aber das verstand der Tannenbaum nicht.

Wenn es gegen die Weihnachtszeit ging, dann wurden ganz junge Bäume gefällt, die oft einmal nicht so groß oder im gleichen Alter wie dieser Tannenbaum waren, der weder Rast noch Ruhe hatte, sondern immer fort wollte; diese jungen Bäume, und sie waren just die allerschönsten, behielten immer ihre Zweige, sie wurden auf Wagen gelegt, und Pferde zogen sie fort, aus dem Wald hinaus.

»Wohin sollen sie?« fragte der Tannenbaum. »Sie sind nicht größer als ich, da war sogar einer, der viel kleiner war; warum behielten sie alle ihre Zweige? Wo fahren sie hin?«

»Das wissen wir, das wissen wir!« zwitscherten die Sperlinge. »Wir haben unten in der Stadt durch die Fensterscheiben geguckt. Wir wissen, wo sie hinfahren. Oh, sie kommen zu größtem Glanz und Herrlichkeit, die man sich denken kann! Wir haben in die Fenster hineingeguckt und gesehen, daß sie mitten in die warme Stube gepflanzt und mit den schönsten Sachen geschmückt wurden, mit vergoldeten Äpfeln, Honigkuchen, Spielzeug und vielen Hunderten von Lichtern.«

»Und dann?« fragte der Tannenbaum und zitterte an allen Zweigen. »Und dann? Was geschieht dann?«

»Ja, mehr haben wir nicht gesehen. Es war unvergleichlich!«

»Ob ich wohl erschaffen wurde, um diesen strahlenden Weg zu gehen?« jubelte der Baum. »Das ist noch besser, als über das Meer zu gehen. Wie ich leide vor Sehnsucht! Wäre es doch Weihnachten! Jetzt bin ich hoch und breit wie die anderen, die letztes Jahr davongeführt wurden. – Oh, wäre ich erst auf dem Wagen! Wäre ich doch in der warmen Stube mit all dieser Pracht und Herrlichkeit! Und dann? Ja, dann kommt etwas noch Besseres, noch Schöneres, weshalb würden sie mich sonst so schmücken? Es muß etwas noch Größeres kommen, noch Herrlicheres! Aber was? Oh, ich leide, ich sehne mich! Ich weiß selbst nicht, wie mir ist!«

»Freue dich an mir!« sagten die Luft und das Sonnenlicht; »freue dich deiner frischen Jugend draußen im Freien!«

Aber er freute sich gar nicht; er wuchs und wuchs, Winter und Sommer stand er grün; dunkelgrün stand er; Leute, die ihn sahen, sagten: »Es ist ein schöner Baum!« Und zur Weihnachtszeit wurde er von allen zuerst gefällt. Die Axt hieb tief durch das Mark, und der Baum fiel mit einem Seufzer zur Erde, er fühlte einen Schmerz, eine Ohnmacht, er konnte gar nicht an irgendein Glück denken, er war betrübt, von der Heimat scheiden zu müssen, von dem Fleck, aus dem er emporgewachsen war; er wußte ja, daß er nie mehr die lieben, alten Kameraden sehen würde, die kleinen Büsche und Blumen ringsumher, ja, vielleicht nicht einmal die Vögel. Die Abreise war gar nichts Angenehmes.

Der Baum kam erst zu sich selbst, als er im Hof, abgeladen mit den anderen Bäumen, einen Mann sagen hörte: »Der ist prächtig! Wir brauchen nur diesen!«

Nun kamen zwei Diener in vollem Staat und trugen den Tannenbaum in einen großen, schönen Saal. Ringsumher an den Wänden hingen Bilder, und neben dem großen Kachelofen standen große chinesische Vasen mit Löwen auf dem Deckel; da waren Schaukelstühle, seidene Sofas, große Tische voller Bilderbücher und Spielzeug für hundertmal hundert Taler – wenigstens sagten die Kinder das. Und der Tannenbaum wurde in ein großes, mit

Sand gefülltes Faß gestellt, aber niemand konnte sehen, daß es ein Faß war, denn es wurde grüner Stoff ringsherum gehängt, und es stand auf einem großen, bunten Teppich. Oh, wie der Baum bebte! Was würde nun geschehen? Diener und Fräulein gingen umher und schmückten ihn. An die Zweige hängten sie kleine, aus buntem Papier ausgeschnittene Netze; jedes Netz war gefüllt mit Zuckerwerk; vergoldete Äpfel und Walnüsse hingen dazwischen, als wären sie festgewachsen, und über hundert rote, blaue und weiße kleine Kerzen wurden an den Zweigen festgesteckt. Puppen, die leibhaftig wie Menschen aussahen – der Baum hatte noch nie solche gesehen –, schwebten im Grünen, und zuoberst an die Spitze wurde ein großer Stern aus Flittergold befestigt; es war prächtig, ganz unvergleichlich prächtig. »Heute abend«, sagten alle, »heute abend soll er strahlen!«

Oh, dachte der Baum, wäre es doch Abend! Würden doch die Lichter bald angezündet, und was dann wohl geschieht? Ob wohl Bäume aus dem Wald kommen, um mich anzuschauen? Ob wohl die Sperlinge an die Fensterscheiben fliegen? Ob ich hier festwachse und Winter und Sommer geschmückt stehen werde?

Ja, er wußte gut Bescheid; aber er hatte ordentlich Rindenweh vor lauter Sehnsucht, und Rindenweh ist für einen Baum ebenso schlimm wie Kopfweh für uns andere.

Nun wurden die Kerzen angezündet. Welcher Glanz, welche Pracht! Der Baum bebte dabei an allen Zweigen, so daß sie durch eins der Lichter Feuer fingen; es brannte ihn ordentlich.

»Gott bewahre uns!« schrien die Fräulein und löschten es hastig.

Nun wagte der Baum nicht einmal zu beben. Oh, das war ein Graus! Er hatte Angst, etwas von seinem vielen Schmuck zu verlieren; er war ganz verwirrt von all dem Glanz – und nun gingen beide Flügeltüren auf, und eine Menge Kinder stürzten herein, als wollten sie den ganzen Baum umwerfen; die älteren Leute kamen bedächtig hinterdrein; die Kleinen standen ganz stumm, aber nur einen Augenblick, dann jubelten sie wieder, daß es nur so schallte; sie tanzten um den Baum herum, und ein Geschenk nach dem anderen wurde abgepflückt.

Was machen sie nur? dachte der Baum. Was soll geschehen? Und die Kerzen brannten bis auf die Zweige herunter, und je nachdem sie niederbrannten, wurden sie ausgelöscht, und dann bekamen die Kinder Erlaubnis, den Baum zu plündern. Oh, sie stürzten auf ihn ein, daß es in allen Zweigen krachte; wäre er nicht mit der Spitze und mit dem Goldstern an der Decke festgebunden gewesen, so wäre er umgestürzt.

Die Kinder tanzten mit ihrem prächtigen Spielzeug herum, niemand sah den Baum an außer dem alten Kindermädchen, das kam und zwischen die

Zweige guckte, aber es war nur, um zu sehen, ob nicht noch eine Feige oder ein Apfel vergessen worden sei.

»Eine Geschichte, eine Geschichte!« riefen die Kinder und zogen einen kleinen, dicken Mann zu dem Baum hin. Und er setzte sich gerade unter ihn, »denn dann sind wir im Grünen«, sagte er, »und dem Baum kann es ganz besonders guttun, mit zuzuhören; aber ich erzähle nur eine Geschichte. Wollt ihr die von ›Iwede-Awede‹ hören oder die von ›Klumpe-Dumpe, der die Treppe hinunterfiel und doch auf den Ehrenplatz kam und die Prinzessin erhielt‹?«

»Iwede-Awede!« schrien einige, »Klumpe-Dumpe!« schrien andere; es war ein Rufen und Schreien, nur der Tannenbaum schwieg ganz still und dachte: Soll ich gar nicht mit dabeisein, gar nichts tun? Er war ja mit dabeigewesen, hatte getan, was er tun sollte.

Und der Mann erzählte von ›Klumpe-Dumpe, der die Treppe hinunterfiel und doch auf den Ehrenplatz kam und die Prinzessin erhielt‹. Und die Kinder klatschten in die Hände und riefen: »Erzähl! Erzähl!« Sie wollten auch die Geschichte ›Iwede-Awede‹ haben, aber sie bekamen nur die von ›Klumpe-Dumpe‹. Der Tannenbaum stand ganz still und gedankenvoll, nie hatten die Vögel draußen im Wald dergleichen erzählt. Klumpe-Dumpe fiel die Treppe hinunter und bekam doch die Prinzessin!

Ja, ja, so geht es zu in der Welt! dachte der Tannenbaum und glaubte, daß es wahr sei, weil es ein so netter Mann war, der erzählte. Ja, ja, wer kann es wissen! Vielleicht falle ich auch die Treppe hinunter und bekomme eine Prinzessin! Und er freute sich darauf, am nächsten Tag mit Kerzen, Spielzeug, Gold und Früchten bekleidet zu werden.

Morgen will ich nicht zittern! dachte er. Ich will mich recht all meiner Herrlichkeit freuen. Morgen werde ich wieder die Geschichte von Klumpe-Dumpe hören und vielleicht auch die von Iwede-Awede. Und der Baum stand die ganze Nacht still und gedankenvoll da.

Am Morgen kamen der Knecht und das Mädchen herein.

Nun beginnt das Schmücken aufs neue! dachte der Baum. Aber sie schleppten ihn aus der Stube hinaus, die Treppe hinauf, in den Estrich hinein, und da, in eine dunkle Ecke, wo kein Tageslicht hinschien, stellten sie ihn hin. Was soll das bedeuten? dachte der Baum. Was soll ich hier wohl machen? Was soll ich hier wohl zu hören bekommen? Und er lehnte sich an die Mauer und stand und dachte und dachte. – Und Zeit genug hatte er, denn es vergingen Tage und Nächte; niemand kam herauf, und als endlich jemand kam, da war es, um einige große Kisten in die Ecke zu stellen; der Baum stand ganz versteckt, man mußte glauben, daß er ganz vergessen war.

Jetzt ist es Winter draußen, dachte der Baum. Die Erde ist hart und mit Schnee bedeckt, die Menschen können mich nicht einpflanzen; deshalb soll ich wohl bis zum Frühling im Schutz stehen. Wie wohlbedacht ist das! Wie doch die Menschen gut sind!

Wäre es hier nur nicht so dunkel und so schrecklich einsam! – Nicht einmal ein kleiner Hase! – Es war doch so artig draußen im Wald, wenn der Schnee lag und der Hase vorbeisprang; ja, selbst als er über mich hinwegsprang, aber das hatte ich damals nicht gern. Hier oben ist es doch entsetzlich einsam!

»Piep, piep!« sagte im selben Augenblick eine kleine Maus und schlüpfte hervor; und dann kam noch eine kleine. Sie schnupperten am Tannenbaum und schlüpften zwischen seinen Zweigen hindurch.

»Es ist eine greuliche Kälte!« sagte die kleine Maus. »Sonst ist es hier gut sein! Nicht wahr, du alter Tannenbaum?«

»Ich bin gar nicht alt«, sagte der Tannenbaum, »es gibt viele, die viel älter sind als ich.«

»Wo kommst du her?« fragten die Mäuse, »und was weißt du?« Sie waren so schrecklich neugierig. »Erzähl uns doch von dem schönsten Ort auf Erden! Bist du dort gewesen? Bist du in der Speisekammer gewesen, wo Käse auf den Schäften liegen und Schinken unter der Decke hängen, wo man auf

Talglichtern tanzt und mager hineingeht und fett herauskommt?«

»Den Ort kenne ich nicht«, sagte der Baum, »aber den Wald kenne ich, wo die Sonne scheint und die Vögel singen.« Und dann erzählte er alles aus seiner Jugend, und die kleinen Mäuse hatten noch nie zuvor so etwas gehört, und sie hörten gut zu und sagten: »Nein, wieviel du gesehen hast, wie glücklich du gewesen bist!«

»Ich?« sagte der Tannenbaum und dachte über das nach, was er selbst erzählte: »Ja, es waren im Grunde ganz lustige Zeiten.« – Aber dann erzählte er vom Weihnachtsabend, wo er mit Kuchen und Kerzen geschmückt gewesen war.

»O«, sagten die kleinen Mäuse, »wie glücklich du gewesen bist, du alter Tannenbaum!«

»Ich bin gar nicht alt«, sagte der Baum, »ich bin ja diesen Winter aus dem Wald gekommen. Ich bin in meinem allerbesten Alter; ich bin nur im Wachstum zurückgeblieben.«

»Wie schön du erzählst!« sagten die kleinen Mäuse, und in der nächsten Nacht kamen sie mit vier anderen kleinen Mäusen, die den Baum erzählen hören sollten; und je mehr er erzählte, desto deutlicher erinnerte er sich selbst an alles und fand: »Es waren doch ganz lustige Zeiten, aber sie können wiederkommen, sie können wiederkommen! Klumpe-Dumpe fiel die Treppe hinunter und bekam doch die Prinzessin, vielleicht kann ich auch eine Prinzessin bekommen.« Und dann dachte der Tannenbaum an so eine kleine, reizende Birke, die draußen im Wald wuchs; die war für den Tannenbaum eine wirkliche, schöne Prinzessin.

»Wer ist Klumpe-Dumpe?« fragten die kleinen Mäuse. Und dann erzählte der Tannenbaum das ganze Märchen; er konnte sich jedes einzelnen Wortes entsinnen, und die kleinen Mäuse waren nah daran, vor lauter Vergnügen bis an die Spitze des Baumes zu springen. In der nächsten Nacht kamen noch viel mehr Mäuse, und am Sonntag sogar zwei Ratten; aber sie sagten, die Geschichte sei nicht lustig, und das betrübte die kleinen Mäuse, denn nun gefiel sie ihnen auch weniger.

»Wissen Sie nur die eine Geschichte?« fragten die Ratten.

»Nur die eine«, antwortete der Baum, »die hörte ich an meinem glücklichsten Abend, aber damals dachte ich nicht daran, wie glücklich ich war.«

»Das ist eine außerordentlich schlechte Geschichte! Wissen Sie keine mit Speck und Talglicht? Keine Speisekammergeschichte?«

»Nein«, sagte der Baum.

»Ja, dann bedanken wir uns«, sagten die Ratten und gingen nach Hause.

Die kleinen Mäuse blieben zuletzt auch weg, und da seufzte der Baum: »Es war doch ganz nett, als sie um mich herumsaßen, die lebhaften, kleinen Mäuse, und zuhörten, was ich erzählte. Nun ist auch das vorbei. – Aber ich werde daran denken, mich zu freuen, wenn ich nun wieder hervorgeholt werde.«

Aber wann geschah das? – Doch, in einer Morgenstunde, da kamen Leute und rumorten auf dem Estrich. Die Kisten wurden umgestellt, der Baum wurde hervorgezogen; sie warfen ihn freilich ein wenig hart auf den Boden, aber gleich schleppte ein Knecht ihn hin zur Treppe, wo das Tageslicht schien.

Jetzt beginnt das Leben wieder! dachte der Baum; er fühlte die frische Luft, den ersten Sonnenstrahl – und nun war er draußen im Hof. Alles ging so rasch, der Baum vergaß ganz, sich selbst anzuschauen, es war so vieles zu sehen ringsumher. Der Hof stieß an einen Garten, und alles blühte dort drinnen; die Rosen hingen so frisch und duftend über das kleine Gitter hinweg, die Lindenbäume blühten, und die Schwalben flogen umher und sagten: »Quirre-wirre-wit, mein Mann ist kommen«, aber es war nicht der Tannenbaum, den sie meinten.

»Nun soll ich leben!« jubelte er und breitete seine Zweige weit aus; aber ach, sie waren alle welk und gelb; es war im Winkel zwischen Unkraut und Nesseln, wo er lag. Der Goldpapierstern saß noch oben an der Spitze und glitzerte im hellsten Sonnenschein.

Im Hof spielten ein paar von den lustigen Kindern, die zur Weihnachtszeit um den Baum herumgetanzt hatten und so froh über ihn gewesen waren. Eines der kleinsten lief hin und riß den Goldstern ab.

»Seht, was da noch an dem ekligen, alten Tannenbaum sitzt!« sagte es und trampelte auf den Zweigen herum, so daß sie unter seinen Stiefeln krachten.

Und der Baum sah auf all die Blumenpracht und Frische im Garten, er sah sich selbst an und wünschte, daß er in seiner dunklen Ecke auf dem Estrich geblieben wäre; er dachte an seine frische Jugend im Wald, an den lustigen Weihnachtsabend und an die kleinen Mäuse, die so fröhlich die Geschichte von Klumpe-Dumpe angehört hatten.

»Vorbei, vorbei!« sagte der arme Baum. »Hätte ich mich doch gefreut, als ich es konnte! Vorbei, vorbei!«

Und der Knecht kam und hieb den Baum in kleine Stücke, ein ganzes Bündel lag da; schön flammte er auf unter dem großen Braukessel; und er seufzte so tief, jeder Seufzer war wie ein kleiner Schuß; darum liefen die Kinder, die spielten, herein und setzten sich vor das Feuer, sahen hinein und riefen laut: »Piff, paff!« Aber bei jedem Knall, der ein tiefer Seufzer war, dachte der Baum an einen Sommertag im Wald, an eine Winternacht dort draußen, wenn die Sterne funkelten. Er dachte an den Weihnachtsabend und an Klumpe-Dumpe, das einzige Märchen, das er gehört hatte und zu erzählen wußte – und dann war der Baum verbrannt.

Die Knaben spielten draußen im Hof, und der kleinste hatte den Goldstern auf der Brust, den der Baum an seinem glücklichsten Abend getragen hatte; nun war es vorbei, und mit dem Baum war es vorbei und mit der Geschichte auch; vorbei, vorbei, und so geht es mit allen Geschichten!

ZWÖLF MIT DER POST

Es war klirrender Frost, sternenklare Luft, windstill. »Bums!« wurde ein Topf an die Tür geworfen, »Paff!« schoß man das neue Jahr ein; es war Silvesterabend; nun schlug die Uhr zwölf.

»Trateratra!« kam die Post. Die große Postkutsche hielt draußen vor dem Stadttor, sie brachte zwölf Personen, mehr konnte sie nicht aufnehmen, alle Plätze waren besetzt.

»Hurra! Hurra! wurde in den Häusern gesungen, wo die Leute Silvester feierten und sich gerade mit den gefüllten Gläsern erhoben hatten und auf das neue Jahr tranken. – »Gesundheit und Glück im neuen Jahr!« sagten sie. »Ein Frauchen! Viel Geld! Schluß mit allem Ärger!«

Ja, das wünschte man sich gegenseitig, und darauf wurde angestoßen, und vor dem Stadttor hielt die Post mit den fremden Gästen, den zwölf Reisenden.

Was für Personen waren das? Sie hatten Pässe und Reisegepäck mit, ja, Geschenke für dich und mich und alle Menschen in der Stadt. Wer waren die Fremden? Was wollten sie, und was brachten sie?

»Guten Morgen«, sagten sie zu der Schildwache am Tor.

»Guten Morgen«, sagte die Schildwache, denn es hatte ja zwölf geschlagen.

»Ihr Name? Ihr Beruf?« fragte die Schildwache den, der zuerst ausstieg.

»Sehen Sie im Paß nach«, antwortete der Mann. »Ich bin ich!« Er war denn auch ein ganzer Kerl, bekleidet mit Bärenpelz und Kufenstiefeln. »Ich bin der Mann, auf den sehr viele ihre Hoffnungen setzen. Komm morgen, dann erhältst du dein Neujahrsgeschenk! Ich werfe mit Groschen und Talern um mich, mache Geschenke, ja, ich gebe Bälle, im ganzen einunddreißig Bälle, mehr Nächte habe ich nicht zu vergeben. Meine Schiffe sind eingefroren, aber in meinem Kontor ist es warm. Ich bin Großkaufmann und heiße *Januar*. Ich habe nur Rechnungen bei mir.«

Dann kam der nächste, ein Spaßmacher, er war Direktor der Lustspiele, der Maskeraden und aller

Vergnügungen, die es gibt. Sein Gepäck bestand aus einem großen Faß.

»Aus dem Faß wollen wir in der Fastnachtszeit mehr als einen Kater holen«, sagte er. »Ich will andere und mich selbst belustigen, denn ich habe von allen in der Familie die kürzeste Lebensdauer; ich werde nur achtundzwanzig. Ja, vielleicht schaltet man mir noch einen Tag ein, aber das ist gleichviel. Hurra!«

»Sie dürfen nicht so laut schreien«, sagte die Schildwache.

»Aber freilich darf ich das«, sagte der Mann, »ich bin Prinz Karneval und reise unter dem Namen *Februarius*.«

Nun kam der dritte; er sah aus wie das reine Fasten, doch er trug den Kopf hoch, denn er war verwandt mit den Rittern ohne Furcht und Tadel und war Wetterprophet; aber das ist kein fettes Amt, darum lobte er die Fastenzeit. Sein Schmuck war ein Veilchensträußchen im Knopfloch, aber es waren sehr kleine Veilchen.

»*März*, vorwärts!« rief der vierte und schubste den dritten. »Vorwärts, März! Hinein in die Wachtstube, hier gibt es Punsch, ich rieche ihn!« Aber das stimmte nicht, er wollte ihn in den *April* schicken, damit begann der vierte Bursche. Er sah leichtsinnig aus; er arbeitete sicher nicht viel, sondern machte viele Feiertage. »Auf und ab mit der Laune!« sagte er. »Regen und Sonnenschein ziehen aus und ziehen ein. Ich bin auch Umzugskommissar, ich bin Leichenbitter, ich kann sowohl lachen als auch weinen. Ich habe Sommersachen im Koffer, aber es wäre töricht, sie anzuziehen. Hier bin ich! In vollem Staat gehe ich in Seidenstrümpfen und mit einem Muff.«

Jetzt stieg eine Dame aus dem Wagen.

»Fräulein *Mai*«, sagte sie. Sie trug ein Sommerkleid aus buchenblattgrüner Seide und hatte Anemonen im Haar, und sie duftete derartig nach Waldmeister, daß die Schildwache niesen mußte. »Gott segne Sie!« sagte sie, das war ihr Gruß. Sie war niedlich. Und Sängerin war sie, nicht im Theater, sondern im Wald, nicht in Zelten, nein, in den frischen grünen Wald ging sie und sang zu ihrem eigenen Vergnügen; sie hatte in ihrem Nähbeutel Christian Winthers »Holzschnitte«, denn sie sind wie der Buchenwald selbst, und »Kleine Verse von Richardt«, die wie Waldmeister sind.

»Jetzt kommt die Frau, die junge Frau!« wurde im Wagen gerufen, und da kam die Frau, jung und fein, stolz und lieblich. Man sah sofort, daß sie dazu geboren war, den Tag der Siebenschläfer einzuhalten. Am längsten Tag des Jahres gab sie Gesellschaft, damit man Zeit hatte, die vielen Gerichte zu verspeisen; sie konnte es sich zwar leisten, im eigenen Wagen zu fahren, aber sie kam doch lieber mit der Post wie die anderen, um zu beweisen, daß sie nicht hochmütig war; allein reiste sie auch nicht, ihr jüngerer Bruder *Julius* begleitete sie.

Er war wohlgenährt, sommerlich gekleidet und trug einen Panamahut. Er hatte nur ganz wenig Gepäck, das war zu beschwerlich in der Hitze. Er hatte bloß Badekappe und Schwimmhose; das ist nicht viel.

Nun kam die Mutter; Madame *August*, Obsthändlerin tonnenweise, Eigentümerin vieler Fischbehälter, Landwirtin in großer Krinoline; sie war dick und erhitzt, beteiligte sich an allem, ging selbst mit dem Bierkrug zu den Arbeitern aufs Feld hinaus. »Im Schweiße seines Angesichts soll man sein Brot essen«, sagte sie, »das steht in der Bibel; danach kann man Erntefeste feiern.« Sie war Frau und Mutter.

Danach stieg wieder ein Mann aus, von Beruf Maler, ein Meister der Farbe, das bekam der Wald zu wissen; das Laub mußte die Farbe wechseln, aber schön, wenn er es so haben wollte; rot, gelb und braun sah der Wald bald aus. Der Meister pfiff wie der Star, war ein flinker Arbeiter und hängte die braungrüne Hopfenranke um einen Bierkrug, das schmückte, und für Schmuck hatte er offene Augen. Hier stand er nun mit seinem Farbentopf, das war sein ganzes Gepäck.

Hierauf folgte der Gutsbesitzer, der an den Saatmonat dachte, ans Pflügen und an die Behandlung des Bodens, ja, auch ein wenig ans Jagdvergnügen;

er hatte Hund und Gewehr, er hatte Nüsse in der Tasche, knickknack! Schrecklich viel Gepäck führte er mit, sogar einen englischen Pflug; er sprach von der Landwirtschaft, aber vor Husten und Keuchen konnte man nicht viel verstehen, hinter ihm kam nämlich *November*.

Er hatte Schnupfen, heftigen Schnupfen, so daß er ein Laken und kein Taschentuch benützte. Dennoch müsse er die Mägde zum neuen Dienst begleiten, sagte er, aber die Erkältung würde wohl vergehen, wenn das Holzhacken anfinge, und das wollte er tun, denn er war Sägemeister der Holzfäller. Die Abende verbrachte er mit dem Schnitzen von Schneeschuhen; er wußte, daß man dieses vergnügliche Schuhwerk in wenigen Wochen brauchen würde.

Nun kam als letzte das alte Mütterchen mit dem Kohlenbrenner; sie fror, aber ihre Augen strahlten wie zwei klare Sterne. Sie trug einen Blumentopf mit einem Tannenbäumchen. »Das will ich hegen und pflegen, damit es bis Weihnachten groß wird, vom Fußboden bis zur Decke soll der Baum reichen mit brennenden Kerzen, vergoldeten Nüssen und ausgeschnittenen Figuren. Der Kohlenbrenner wärmt wie ein Kachelofen, ich nehme das Märchenbuch aus der Tasche und lese vor, so daß alle Kinder im Zimmer still werden, doch die Püppchen am Baum werden lebendig, und der kleine Wachsengel zuoberst an der Spitze schüttelt die Flittergoldflügel, fliegt von der grünen Spitze und küßt klein und groß im Zimmer, ja, auch die armen Kinder, die draußen stehen und Weihnachtslieder vom Stern über Bethlehem singen.«

»Und jetzt kann die Kutsche abfahren«, sagte die Schildwache. »Nun haben wir das Dutzend. Laßt einen neuen Reisewagen kommen!«

»Zuerst sollen die zwölf eintreten«, sagte der Hauptmann, der Wache hatte. »Einer nach dem anderen. Die Pässe behalte ich; sie gelten für jeden einen Monat lang. Wenn der Monat um ist, werde ich jedem darauf bescheinigen, wie er sich benommen hat. Bitte sehr, Herr Januar, kommen Sie herein.«

Und so ging er hinein.

– Wenn ein Jahr um ist, werde ich dir sagen, was die zwölf dir, mir und uns allen gebracht haben. Noch weiß ich es nicht, und sie wissen es wohl selbst nicht, denn wir leben in einer wunderlichen Zeit.

DER SCHNEEMANN

Es kracht und knackt in mir, so herrlich kalt ist es«, sagte der Schneemann. »Der Wind kann wahrlich Leben in einen bringen! Und wie die Glühende dort glotzt!« Es war die Sonne, die er meinte; sie war gerade dabei unterzugehen. »Sie soll mich nicht zum Blinzeln bringen; ich werde die Brocken schon festhalten.«

Das waren zwei große, dreieckige Dachziegelbrocken, die er als Augen hatte; der Mund war ein Stück von einem alten Rechen, deshalb hatte er Zähne.

Er war geboren unter Hurrageschrei der Knaben, war begrüßt worden von Schellengeläute und Peitschenknall der Schlitten.

Die Sonne ging unter, der Vollmond ging auf, rund und groß, klar und herrlich in der blauen Luft.

»Da haben wir sie wieder von einer anderen Seite«, sagte der Schneemann. Er glaubte, es sei die Sonne, die sich wieder zeigte. »Ich habe es ihr abgewöhnt zu glotzen. Jetzt kann sie dort hängen und leuchten, damit ich mich selbst sehen kann. Wüßte ich nur, wie man es anstellt, sich fortzubewegen! Ich würde mich so gerne fortbewegen! Könnte ich es, so wollte ich jetzt hinab und auf dem Eise gleiten, wie ich es die Knaben machen sah; aber ich kann nicht laufen.«

»Weg, weg!« kläffte der alte Kettenhund; er war etwas heiser. Das war er, seit er Stubenhund gewesen und unter dem Ofen gelegen hatte. »Die Sonne wird dich schon lehren zu laufen! Das habe ich im vergangenen Winter an deinem Vorgänger und an dessen Vorgänger gesehen. Weg, weg! Und weg sind sie alle.«

»Ich verstehe dich nicht, Kamerad«, sagte der Schneemann, »soll die da oben mich laufen lehren?« Er meinte den Mond. »Ja, sie lief ja freilich vorhin, als ich sie fest ansah, jetzt schleicht sie von einer anderen Seite heran.«

»Du weißt nichts«, sagte der Kettenhund, »aber du bist ja auch erst neulich aufgekleckst worden. Der, den du jetzt siehst, wird der Mond genannt; die, welche ging, war die Sonne. Sie kommt morgen wieder, sie lehrt dich schon in den Wallgraben hinablaufen. Wir kriegen bald anderes Wetter, das kann ich an meinem linken Hinterbein merken, es reißt darin. Wir kriegen Wetterwechsel.«

»Ich verstehe ihn nicht«, sagte der Schneemann, »aber ich habe ein Gefühl, daß es etwas Unangenehmes ist, was er sagt. Sie, die glotzte und unterging, die er die Sonne nennt, die ist auch nicht mein Freund, das habe ich im Gefühl.«

»Weg, weg!« kläffte der Kettenhund, ging dreimal um sich selbst herum und legte sich dann in seine Hütte, um zu schlafen.

Es kam wirklich eine Wetterveränderung. Ein Nebel, so dicht und feucht, legte sich am Morgen über die ganze Gegend; als es Tag wurde, begann es windig zu werden; der Wind war eisig, der Frost griff ordentlich zu; aber welch ein Anblick war es, als die Sonne aufging! Alle Bäume und Büsche standen im Rauhreif; es war wie ein ganzer Wald von weißen Korallen; es war, als ob alle Zweige überschüttet seien von strahlend weißen Blüten. Die unendlich vielen und feinen Verzweigungen, die man im Sommer vor lauter Blättern nicht sehen kann, traten jetzt klar hervor; es war wie ein Spitzengewebe und so schimmernd weiß, als ströme ein weißer Glanz von jedem Zweig aus. Die Hängebirke bewegte sich im Wind, es war Leben in ihr wie in den Bäumen zur Sommerzeit; es war eine unvergleichliche Herrlichkeit. Und als die Sonne dann schien, nein, wie funkelte das Ganze, als wäre es überpudert mit Diamantenstaub, und über der Schneeschicht der Erde glitzerten die großen Diamanten, oder man konnte auch glauben, daß unzählige, winzig kleine Lichtlein brannten, die noch weißer waren als der weiße Schnee.

»Das ist eine unvergleichliche Herrlichkeit«, sagte ein junges Mädchen, das mit einem jungen Mann in den Garten hinaustrat und just bei dem Schneemann stehenblieb, von wo aus sie die glitzernden Bäume ansahen. »Einen schöneren Anblick hat man auch im Sommer nicht«, sagte sie, und ihre Augen strahlten.

»Und so einen Burschen wie den da hat man erst recht nicht«, sagte der junge Mann und zeigte auf den Schneemann. »Er ist ausgezeichnet.«

Das junge Mädchen lachte, nickte dem Schneemann zu und tanzte dann mit ihrem Freund über den Schnee hin, der unter ihnen knirschte, als wenn sie auf Stärke gingen.

»Wer waren die beiden?« fragte der Schneemann den Kettenhund. »Du bist länger auf dem Hof als ich, kennst du sie?«

»Ja, ich kenne sie«, sagte der Kettenhund. »Sie hat mich ja gestreichelt, und er hat mir einen Knochen gegeben; die beiße ich nicht.«

»Aber was stellen sie hier vor?« fragte der Schneemann.

»Brrrautleute«, sagte der Kettenhund. »Sie werden in eine Hundehütte ziehen und zusammen an einem Knochen nagen. Weg! Weg!«

»Haben die beiden ebensoviel zu bedeuten wie du und ich?« fragte der Schneemann.

»Die gehören ja zur Herrschaft«, sagte der Kettenhund, »das ist wahrlich sehr wenig, was man weiß, wenn man gestern geboren wurde; das merke ich an dir. Ich habe Alter und Kenntnisse, ich kenne alle hier auf dem Hof. Und ich habe eine Zeit gekannt, wo ich nicht hier in der Kälte und an der Kett stand; weg, weg!«

»Die Kälte ist herrlich«, sagte der Schneemann. »Erzähl, erzähl! Aber du darfst nicht mit der Kette rasseln; denn dann bricht etwas in mir.«

»Weg, weg!« kläffte der Kettenhund. »Ein junger Hund bin ich gewesen, klein und niedlich, sagten sie. Da lag ich im Samtstuhl dort drinnen im

Haus, lag im Schoß der obersten Herrschaft, wurde auf die Schnauze geküßt und um die Pfoten gewischt mit gesticktem Taschentuch. Ich hieß ›der Schönste‹, ›Pusselpusselchen‹, aber dann wurde ich ihnen zu groß; da gaben sie mich der Haushälterin; ich kam in die Kelleretage. Du kannst in sie hineinsehen von dort, wo du stehst; du kannst in die Kammer hineinsehen, wo ich die Herrschaft gewesen bin; denn das war ich bei der Haushälterin. Es war zwar ein geringerer Ort als oben, aber hier war es behaglicher; ich wurde nicht abgeknutscht und umhergeschleppt von den Kindern wie oben. Ich hatte ebenso gutes Futter wie früher und viel mehr! Ich hatte mein eigenes Kissen, und dann war da ein Ofen, und das ist um diese Zeit das Schönste auf der Welt; ich kroch ganz unter ihn hinein, so daß man mich nicht mehr sah. Oh, von dem Ofen träume ich noch; weg, weg!«

»Sieht ein Ofen so schön aus?« fragte der Schneemann. »Gleicht er mir?«

»Er ist gerade das Gegenteil von dir. Kohlschwarz ist er, hat einen langen Hals mit einer Messingtrommel. Er frißt Brennholz, so daß ihm das Feuer aus dem Mund heraussteht. Man muß sich an seiner Seite halten, dicht neben ihm, ganz unter ihm, das ist ein unendliches Behagen. Du mußt ihn durch das Fenster sehen können, von dort, wo du stehst.«

Und der Schneemann schaute, und wirklich sah er einen schwarzen, blankpolierten Gegenstand mit einer Messingtrommel; das Feuer leuchtete unten heraus. Dem Schneemann wurde ganz wunderlich zumute; er hatte ein Gefühl, über das er sich selbst nicht Rechenschaft geben konnte; es kam etwas über ihn, was er nicht kannte, was aber alle Menschen kennen, wenn sie keine Schneemänner sind.

»Und warum hast du sie verlassen?« fragte der Schneemann. Er fühlte, daß es ein weibliches Wesen sein müsse. »Wie konntest du einen solchen Ort verlassen?«

»Das mußte ich wohl«, sagte der Kettenhund, »sie warfen mich hinaus und legten mich hier an die Kette. Ich hatte den jüngsten Junker ins Bein gebissen, weil er mir den Knochen wegstieß, an dem ich nagte; und Knochen um Knochen, denke ich. Aber das nahmen sie mir übel, und seit jener Zeit bin ich an die Kette gelegt und habe meine klare Stimme verloren, hör, wie heiser ich bin: weg, weg! Das wurde das Ende vom Lied!«

Der Schneemann hörte nicht mehr zu; er sah beständig in die Kelleretage der Haushälterin hinein, in ihre Stube hinunter, wo der Ofen auf seinen vier eisernen Beinen stand und sich in derselben Größe zeigte wie der Schneemann selbst.

»Es knackt so sonderbar in mir«, sagte er. »Werde ich nie dort hineinkommen? Das ist ein unschuldiger Wunsch, und unsere unschuldigen Wünsche dürfen doch gewiß erfüllt werden. Es ist mein höchster Wunsch, mein einziger Wunsch, und es würde fast ungerecht sein, wenn der nicht befriedigt würde. Ich muß dort hinein, ich muß mich an sie anlehnen, und wenn ich auch das Fenster zerschlagen müßte.«

»Dort kommst du nie hinein«, sagte der Kettenhund, »und kämst du zum Ofen, dann wärst du weg! Weg!«

»Ich bin so gut wie weg«, sagte der Schneemann, »ich glaube, ich breche durch.«

Den ganzen Tag stand der Schneemann da und schaute zum Fenster hinein; in der Dämmerung wurde die Stube noch einladender; vom Ofen her leuchtete es so mild, wie der Mond nicht leuchtet und auch nicht die Sonne, nein, wie nur der Ofen leuchten kann, wenn etwas in ihm ist. Wenn sie die Tür öffneten, dann schlug die Flamme heraus, das war eine Gewohnheit von ihm; es flammte ordentlich rot auf in dem weißen Gesicht des Schneemanns, es leuchtete geradezu rot aus seiner Brust heraus.

»Ich halte es nicht aus«, sagte er. »Wie es sie kleidet, die Zunge herauszustrecken!«

Die Nacht war sehr lang, aber nicht für den Schneemann, er stand da in seinen eigenen schönen Gedanken, und die froren, so daß sie knackten.

Am Morgen waren die Kellerfenster zugefroren, sie trugen die schönsten Eisblumen, die ein Schneemann nur verlangen konnte; aber sie verbargen den Ofen. Die Scheiben wollten nicht auftauen, er konnte sie nicht sehen. Es knackte, es knirschte, es war just ein Frostwetter, das einen Schneemann erfreuen mußte, aber er war nicht erfreut; er hätte sich so glücklich fühlen können und sollen, aber er war nicht glücklich, er hatte Ofensehnsucht.

»Das ist eine schlimme Krankheit für einen Schneemann«, sagte der Kettenhund; »ich habe auch an dieser Krankheit gelitten, aber ich habe sie überstanden; weg, weg! – Jetzt kriegen wir Wetterwechsel.«

Und es gab Wetterwechsel, es schlug um in Tauwetter.

Das Tauwetter nahm zu; der Schneemann nahm ab. Er sagte nichts, er klagte nicht, und das ist das rechte Zeichen.

Eines Morgens stürzte er zusammen. Es stak etwas wie ein Besenstiel in die Luft, wo er gestanden hatte, um den herum hatten die Knaben ihn aufgebaut.

»Jetzt kann ich seine Ofensehnsucht verstehen«, sagte der Kettenhund. »Der Schneemann hat einen Ofenkratzer im Leib gehabt, der ist es, der sich in ihm gerührt hat, nun ist es überstanden; weg, weg!«

Und bald war auch der Winter überstanden.

»Weg, weg!« kläffte der Kettenhund; aber die kleinen Mädchen auf dem Hof sangen:

»Waldmeister grün, hervor aus dem Haus!
Häng, Weide, die wollenen Handschuh' heraus;
Kommt, Kuckuck und Lerche! Singt hell und klar,
Wir haben schon Frühling Ende Februar!
Ich singe mit: Kuckuck! Tirili!
Komm, liebe Sonne, scheine so warm wie noch nie!«

Dann denkt niemand mehr an den Schneemann.

Inhalt

Otros títulos de Megan Maxwell en Booket:

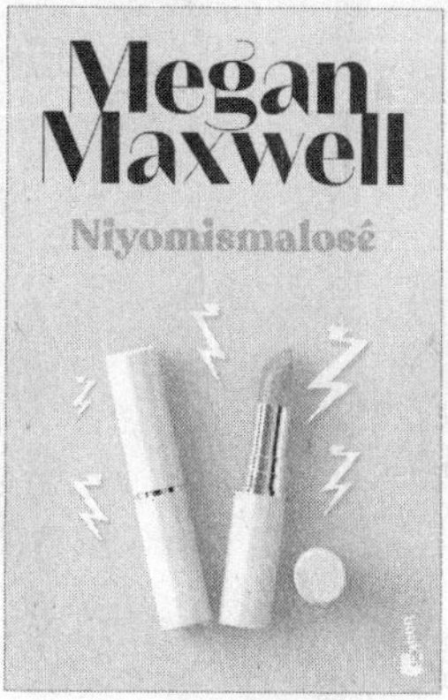